W0363456

Changer avec le KAIZEN

Quel sera votre prochain petit pas ?

Christie Vanbremeersch

Changer avec le KAIZEN

Quel sera votre prochain petit pas ?

FIRST
ÉDITIONS

© Éditions First, un département d'Édi8, Paris, 2020.

Le Code de la propriété intellectuelle interdit les copies ou reproductions destinées à une utilisation collective. Toute représentation ou reproduction intégrale ou partielle faite par quelque procédé que ce soit, sans le consentement de l'Auteur ou de ses ayants cause est illicite et constitue une contrefaçon sanctionnée par les articles L. 335-2 et suivants du Code de la propriété intellectuelle.

ISBN : 978-2-412-05309-6
Dépôt légal : février 2020
Imprimé en Espagne
Illustrations : Mélody Denturck
Correction : Odile Duburcq
Mise en page : Stéphane Angot

Éditions First, un département d'Édi8
92, avenue de France
75013 Paris
France
Tél : 01 44 16 09 00
Fax : 01 44 16 09 01
Email : firstinfo@efirst.com
Ste Internet : www.editionsfirst.fr

« Va avec la force que tu as. »

Dieu à Gédéon, dans *Le Livre des Juges*

Je dédie ce livre à Nicolas, agent et témoin
de mes changements depuis vingt-sept ans.

Sommaire

Changer, pourquoi ?

Bienvenue dans ce livre, le livre que j'écris pour toi. Ce livre est un pont entre toi et moi. C'est un pont entre le Japon, où ont émergé les théories de changement et de progrès qui inspirent ce livre, et nos vies en France, plutôt occidentales et urbaines, avec un amour pour la nature !

Ce livre pour toi, qui as le désir que quelque chose se passe, et de préférence, différemment et en mieux ! Pour toi, qui as le courage d'être acteur de ce quelque chose.

Ce livre pour toi, qui as le goût du voyage : voyage à l'autre bout du monde ou voyage intérieur, voyage irrésistible qui ne te laisse pas inchangé.

Ce livre pour toi, qui as de la persistance. Qui es d'accord pour mener une action sur plusieurs semaines, au moyen d'une dose par jour.

J'écris ce livre à la veille de mes 45 ans (alla mita della mia vita – à la moitié de ma vie). À ce moment charnière où je ressens la forte nécessité d'un changement, sans savoir précisément par où commencer. L'écriture a toujours été l'un de mes moyens privilégiés pour comprendre le monde et me comprendre, pour me transformer.

Auteure depuis l'âge de 8 ans, formatrice dans le domaine de la créativité et du développement personnel à visée professionnelle depuis mes 37 ans, mariée à l'homme que j'aime, mère de deux adolescentes, rédactrice d'un blog (maviesansmoi.com), j'ai ressenti, à cheval sur l'hiver et le printemps dernier, une fatigue existentielle qui a duré, duré, duré.

Je me suis posée de nombreuses questions : à quoi suis-je appelée professionnellement ? Comment mieux rayonner ? Comment accompagner mes enfants vers l'âge adulte ? Quels nouveaux équilibres allons-nous créer dans notre couple, dans notre famille, lorsque les enfants auront quitté le nid ? Et moi personnellement, vers quoi vais-je me tourner quand mes filles ne vivront plus avec nous ?

À cela s'ajoutent des questions de poids (je me trouve trop grosse), d'alcool (j'aimerais boire moins), d'harmonie familiale avec les uns et les autres...

Et là, Aline, mon éditrice, m'a posé une question : comment pourrions-nous adapter les méthodes de changement japonaises, rituellement utilisées dans les entreprises et l'industrie, à la vie personnelle ?

Cette question, feuille de route et mode d'emploi pour écrire ce livre, est tombée à pic pour moi. Je m'en suis emparée, l'ai transformée en « comment changer ? », et, pour trouver un mode d'emploi parmi mille possibles, il y avait à ma disposition ces méthodes venues du Japon. J'ai choisi les méthodes « un jour après l'autre » liées au kaizen, car elles conviennent à mon caractère ; elles me parlent aussi de mon histoire de personne qui a passé les deux premières années de sa vie au Japon.

Kaizen : changer en se bottant le derrière

La traduction française de kaizen est « amélioration continue ». L'avantage est que ça veut dire ce que ça veut dire. On comprend tout de suite. L'inconvénient est que cette traduction laisse de côté la poétique et la nuance.

Kaizen est composé de deux idéogrammes, *kai* et *zen*. *Kai* signifie « changer » et *zen* « bon ». Qui voudrait changer pour le pire, m'objecteras-tu ? Mais si l'on y réfléchit une minute, une situation insatisfaisante que l'on ne règle pas peut soit rester telle quelle, soit se dégrader, soit s'améliorer toute seule. Un rhume, si l'on ne le soigne pas, finit généralement par guérir, et il peut aussi dégénérer en bronchite, pneumonie, angine, etc. Une fissure dans le mur peut rester telle quelle des années ; elle peut aussi devenir lézarde et conduire finalement le mur à s'effondrer.

Donc, changer pour quelque chose de meilleur. Même si notre nous est un peu ou totalement déprimé, un peu ou très apathique. Une partie de nous sait qu'il y a une vraie satisfaction à agir, à bouger et faire un effort pour que les choses s'améliorent, même si au départ on y va avec des pieds de plomb et qu'on n'y croit pas.

La nuance des mots japonais nous apprend que *kai* ne veut pas dire simplement « changer », il veut dire « changer en faisant un effort ». Ce que je traduirais par « changer en se bottant le derrière ». Œuvrer à changer une situation, malgré la petite voix qui nous dit que ça ne sert à rien. Œuvrer à changer quelque chose de sa vie, même si on se sent à bout de forces. Cela demande de la vigueur et de trouver en soi, quelque part, un début d'énergie pour faire tourner la roue.

Zen, quant à lui, ne veut pas dire « yogi assis en tailleur sur sa fleur de lotus », même si c'est souvent comme ça qu'on se le représente. *Zen* signifie « bon », « meilleur » auquel on ajoute une nuance de tranquillité.

Donc, à la fois on se botte les fesses et on améliore la situation et on contribue à la rendre plus sereine et tranquille.

Tenir ensemble les contraires

Après l'évidence (changer pour le meilleur, mais qui voudrait changer pour le pire ?), nous basculons dans l'oxymore : on se botte les fesses... tranquillement. Comment cela peut être possible ? Hé bien ! C'est ce qui fait toute la force d'un concept : tenir ensemble deux termes, deux injonctions apparemment contraires.

« Le héros, dit mon prof de contes Jean-Pascal Debailleul, c'est celui qui tient ensemble les contraires le plus longtemps possible ». J'adore cette phrase et je réalise à quel point elle est vraie tous les jours... En tant que mère de famille, par exemple, être à la fois présente et veiller au bien-être de chaque membre de la famille... et me faire respecter, et vivre aussi en fonction de mes aspirations propres, sans parler du boulot !

KAI ZEN

改善

Changer pour le meilleur

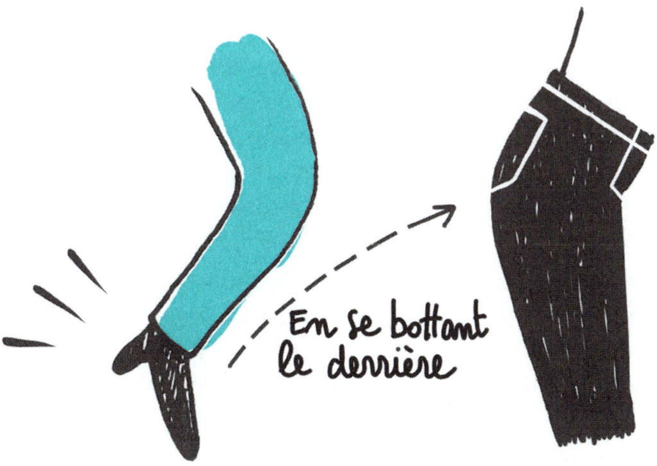

Le kaizen est une forme d'héroïsme : du héros, il en a l'état d'esprit. Changer, dans le respect de mes rythmes. Changer, un pas après l'autre si c'est ce qui me convient. Changer, en vérifiant que ce changement que je propose est bien pour le meilleur. Sinon, redresser le tir. Me botter les fesses pour changer, et aussi me modérer pour ne pas aller trop vite, trop fort. Marcher, comme souvent, sur une crête...

Voilà, de quoi il est question dans notre livre.

Une conférence après la guerre

La roue de Deming

C'est l'histoire d'un pays qui, en 1941, s'est engagé dans la Seconde Guerre mondiale... du côté des Allemands. Les deux pays partageaient la conviction d'abriter une race supérieure et la volonté de coloniser les pays voisins. (J'aimerais bien pouvoir critiquer ! Mais Napoléon Bonaparte, et des siècles de colonies françaises, notamment, m'en préservent.) Bref, vous connaissez l'histoire, les Japonais ont perdu la guerre et d'une façon atroce. Hiroshima, Nagasaki, en août 1945, provoqueront leur reddition sans condition le 2 septembre 1945. Le Japon sera ensuite occupé par l'armée américaine, jusqu'en 1952, et gouverné par le général MacArthur.

L'influence des Américains sur la culture et l'industrie japonaises s'est à la fois exercée de manière naturelle, puisqu'ils ont été présents lors de la période de reconstruction, et a été absorbée de manière avide par les Japonais. Ces derniers ont toujours protégé farouchement leur singularité, tout en prenant ce qu'il y avait de bon et d'utile chez les envahisseurs, pour en faire leur miel et l'améliorer.

C'est l'histoire d'une conférence, à Tokyo, au début des années cinquante... Le nippon Keidanren, le Medef Japonais, organise des conférences pour permettre aux patrons de se retrouver et d'apprendre. Il invite le statisticien américain William Edwards Deming à l'une de ses conférences qui transmet alors aux patrons un outil d'amélioration continue : 1. Je remarque que quelque chose ne va pas et je planifie une action correctrice ; 2. Je mets en œuvre mon plan ; 3. Je regarde comment ça s'est passé et j'évalue les résultats,

4. Je corrige ce qui n'a pas donné les résultats escomptés ou satisfaisants, et je standardise ce qui a bien marché. Et je recommence. Cette méthode plaît énormément, plusieurs chefs d'entreprise décident de l'appliquer, et comme elle est cyclique, ils l'appellent la « roue de Deming ».

« Ce n'est pas moi qui ai inventé la méthode ! Moi, j'ai juste fait ma part de passeur : je vous l'ai présentée car je la trouve géniale, leur dit Deming. Le vrai inventeur de cette méthode, c'est Walter A. Shewhart » (un autre statisticien américain, également un chercheur, dont l'un des nombreux champs de recherche est la démarche qualité dans les usines).

Alors, comment faut-il l'appeler cette méthode ? La « roue de Demming », du nom de celui qui la leur avait fait découvrir, ou bien la « roue de Shewhart », d'après le principal inventeur, ou bien encore du nom du premier industriel japonais qui a décidé d'appliquer la méthode dans son usine ?

À cet endroit de la démonstration, je ris (toute seule). Le principal travail dans ma vie, c'est de trouver des ressources et de les transmettre. Une recette, une graine, un outil, un concept, une technique, peu importe ce sur quoi se porte mon regard : si ça brille ou si ça sent bon, je l'avale, je le digère et je le recrache.

Et dans mon esprit, dès qu'une personne me transmet l'un de ses trésors, je suis tentée de le lui attribuer. Ainsi, ma cousine Aurore nous a-t-elle un beau jour préparé un délicieux poulet en cocotte pour le dîner, elle l'appelait « le poulet Mickey » car c'est une amie surnommée Mickey qui lui a donné la recette. Et moi, depuis vingt ans que je prépare ce poulet, je l'appelle « le poulet Aurore » car je ne connais pas Mickey, et dans mon cœur et mes papilles, ce poulet vient d'Aurore ! Depuis le temps que je prépare cette recette, et qu'on me la demande, peut-être ceux qui la préparent à leur tour l'appellent-ils « le poulet Christie », allez savoir ! Des histoires de paternité-maternité de ce genre, j'en ai à la pelle. Et mon expérience me montre que peu importe le soin que l'on met à créditer le vrai auteur d'une invention, elle est souvent attribuée à celui qui nous l'a fait découvrir.

Tout ça pour dire que Deming et Shewhart, ces nobles âmes, ont proposé aux Japonais d'adopter plutôt un autre nom pour cette méthode qui allait contribuer au processus d'amélioration continue des entreprises japonaises. Ce nom est moins narcissique, il est aussi plus exact (car une invention est généralement le fruit de toute une chaîne de nains qui se font la courte échelle, à la même époque ou dans le temps). Ce nom est aussi plus mnémotechnique : ils ont choisi de nommer le processus par les initiales de ses étapes : PDCA.

P pour *plan*, préparer, planifier les actions d'amélioration, basées sur une observation de ce qui cloche (en entreprise, on dit « dysfonctionne ») et d'un diagnostic, que peut-on faire ? Comment va-t-on s'y prendre ?

D pour *do* (faire), dérouler, développer le plan : on fait ce qu'on a dit qu'on ferait. Ce D est une phase-test, on va voir si ça fonctionne et ce qui fonctionne.

C pour *check*, contrôler, vérifier : on évalue. On regarde comment ça s'est passé, les résultats obtenus, si on a réussi à suivre le plan ou pas, et à quel coût.

A pour *act*, agir et ajuster : une fois qu'on a vu ce qui fonctionne dans la nouvelle procédure, on le standardise ; et ce qui ne fonctionne pas, on fait autrement. Bref, on décide les actions à garder et on imagine les actions correctives.

Et comme le PDCA est une roue, un processus circulaire, eh bien, lorsqu'on a ajusté, on recommence à planifier, dérouler le plan, contrôler comment ça s'est passé et ajuster, etc.

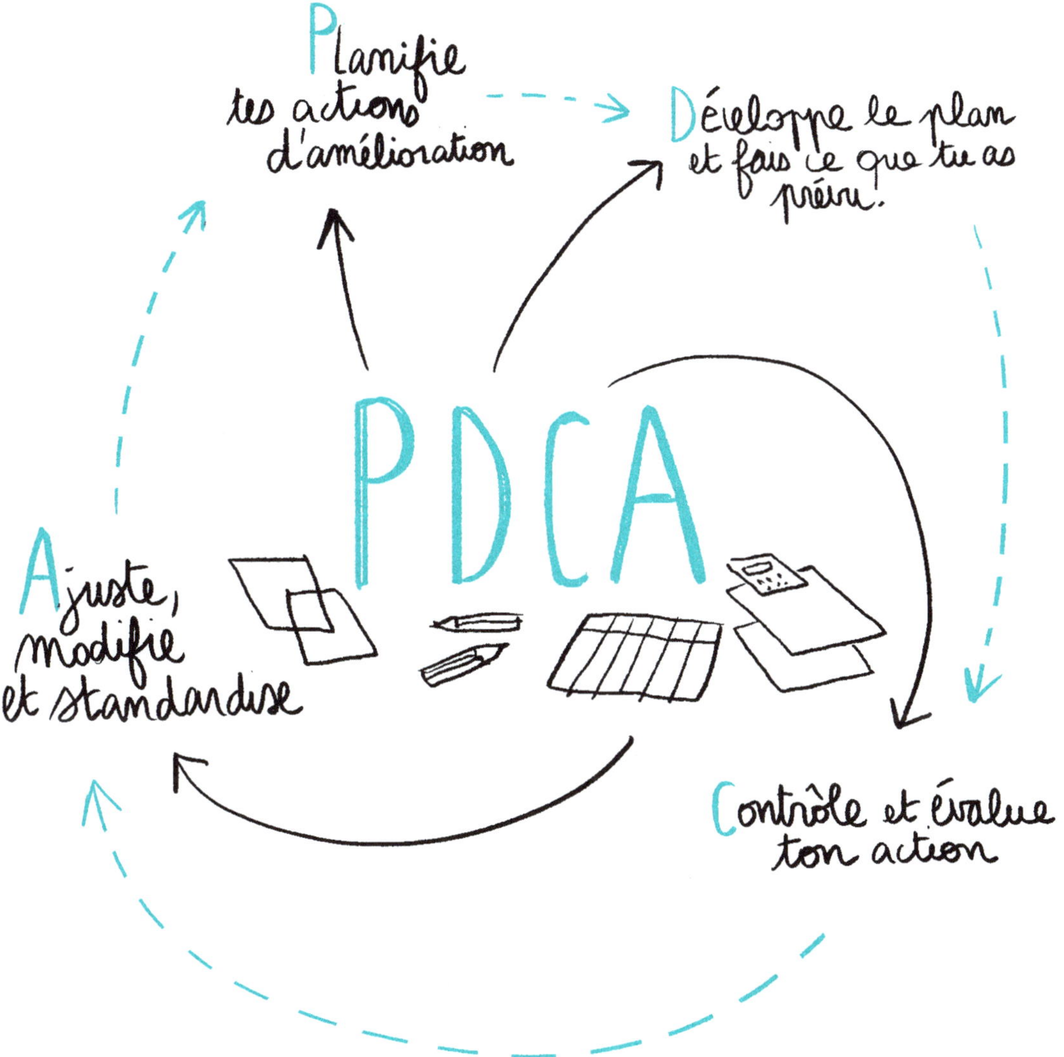
Planifie
tes actions
d'amélioration
Développe le plan
et fais ce que tu as
prévu.
PDCA
Ajuste,
modifie
et standardise
Contrôle et évalue
ton action

À ce stade, tu vas peut-être me demander : « C'est quoi le rapport entre le PDCA et le kaizen ? » Parce que toi, tu as acheté un livre sur le kaizen ! Et je te réponds : « Le PDCA, c'est l'une, la plus visible, des méthodes employées dans les entreprises japonaises pour améliorer progressivement et de manière continue leur fonctionnement. L'amélioration continue, c'est la définition rapide du kaizen.

Nos alliés dans ce voyage

Pour accomplir ce voyage, je suis allée chercher du côté des industriels et commerçants japonais, ceux qui ont mis au point dans les échoppes puis adapté à des chaînes de production industrielle des méthodes comme le kaizen, les 5 S et le juste-à-temps, que nous verrons plus tard.

Je suis aussi allée demander de l'aide aux contes de changement, les fameux contes recueillis par les frères Grimm au XIXe siècle. Je t'en raconte plusieurs – grande joie de retrouver cette tradition de mon enfance, où mon arrière-grand-père, mon grand-père et ma mère me racontaient des contes, sans parler de ma grand-mère paternelle qui me racontait l'histoire familiale ; et grande joie de retrouver cette position de conteuse, un peu moins sollicitée depuis que mes deux filles ont grandi.

J'ai interrogé certains épisodes de la Bible. Enfin, en réalité, ils se sont invités. Mais après tout : la Bible, les contes de Grimm, a-t-on déjà lu plus belles leçons de transformation ?

Enfin, tu vas trouver des encadrés par-ci par-là. Qui ont un rapport parfois évident, parfois ténu avec le sujet. Mais qui tous tiennent la promesse que je me suis faite et que je te fais en prenant la plume : t'offrir tous les outils de changement à ma disposition, en te les proposant et en les explicitant de mon mieux. Les encadrés seront aussi des souffles d'air frais, une parenthèse qui je l'espère t'enchantera.

Comment lire ce livre ?

Tu feras comme tu veux, comme tu peux, moi je te dis comment j'ai pensé les choses avant que tu ne t'en empares.

Ma dose d'écriture pour ce livre a été d'un chapitre par jour, parfois un chapitre en deux jours lorsqu'il était long ou ardu, ou que je n'étais pas en forme. Il y a des jours où je n'ai pas écrit : c'est que je prenais la route pour de longs trajets ou que j'animais une formation qui m'a mobilisée pendant toute la journée.

Intuitivement, je te recommande d'adopter une dose similaire : un chapitre par jour, avec la réflexion qui va avec, les petites galeries que le texte est susceptible de creuser, les images suscitées en toi. Lire davantage, c'est possible, bien sûr, mais l'intérêt de cette lecture réside davantage dans le creux – ta réflexion, tes actions – que dans le texte.

Pour tes recherches, je te conseille de dresser un grand nombre de listes. Pourquoi des listes ? Parce que ce sont de très efficaces agents de transformation douce. Les réponses viennent facilement, sur le mode de « ça n'engage pas à grand-chose ». Et c'est vrai : ce sont juste des lignes écrites sur un papier, de toi à toi. Mais ce que fait la liste, c'est qu'elle ouvre un espace de possibilités. Elle propose un « et si... », qui est le premier pas vers un changement possible.

Comment se préparer ?

Pour ce voyage kaizen, tu as besoin de patience envers toi-même et d'un bon gros cahier, dans lequel tu aimes écrire. Ce peut être un carnet, mais assure-toi qu'il y a assez de place. Que le cahier soit assez beau pour que tu aies envie d'y écrire, mais pas trop, car il pourrait être intimidant.

Prévois aussi un bon stylo qui convient au cahier choisi.

Écris dans ton cahier tous les exercices, toutes les réponses aux questions de ce livre. Tu auras une base, un lieu à toi pour ta démarche de changement kaizen.

Pourquoi je te conseille de noter tes trouvailles ?

1. Tes idées, tes réflexions, les réponses que tu trouves en faisant une liste, c'est ton or. Ce sont les pépites d'or qui te permettent d'avancer et de faire le pas suivant, le pas de côté dont tu as besoin.
2. Les idées sont volatiles comme un papillon. Lorsqu'elles nous font la grâce de nous visiter, elles donnent le sentiment qu'elles seront avec nous pour toujours. Mais non ! Donc, si tu veux avoir une chance de les retrouver, pour les approfondir ou travailler dessus, il est utile de les noter. En plus, en les notant tu t'en libères l'esprit, tu peux trouver une nouvelle idée, avancer, au lieu de te cramponner à celles d'il y a cinq minutes pour ne pas les oublier.
3. Garder une trace donne confiance dans la magie (et l'efficacité) du processus. Écrire tes visions, trouvailles et idées, tes souhaits, et tes questions, a une autre utilité, quasi magique : quand plus tard tu relis ton cahier, que tu vois que certains de tes souhaits se sont exaucés, que certaines de tes questions ont trouvé des réponses... C'est magique.

Bon voyage vers un changement à ta mesure ou à ta démesure !

La recette du poulet Aurore

Un soir où vous voulez épater vos amis ou gâter votre famille vous pouvez réaliser cette recette. Il vous faut une grande cocotte, de l'huile d'olive, un ou deux citrons, de la sauce soja, une brassée d'herbes aromatiques (menthe, ciboulette, basilic, estragon, coriandre, ce que vous aimez, ce que vous avez sous la main, c'est meilleur si elles sont fraîches) et deux fois plus de cuisses et de pilons de poulet que de convives.

Faites dorer le poulet en cocotte dans de l'huile d'olive. Arrosez de sauce soja et de la moitié du jus de citron, de quelques herbes. Refermez le couvercle, laissez cuire une heure à feu doux en vérifiant de temps en temps que ça ne brûle pas. Arrosez au fur et à mesure avec le jus de citron.

Servez avec du riz basmati et les herbes fraîches ajoutées juste au moment de servir.

Partir à l'aventure du changement

Nous voici au début de cette aventure. Pour commencer, nous allons regarder ce qui nous motive à changer, mais aussi, ce qui nous pourrait nous en empêcher. Nous allons analyser les différentes stratégies pour changer. Enfin, nous allons nous familiariser avec des outils de changement très puissants !

Lève-toi, prends ton grabat et marche

Tell me, what is it you plan to do with your one wild and precious life ?[1]

Mary Oliver

Lazare est mort depuis quatre jours

Sans doute que l'on passe tous par cet état : la catatonie qui ressemble à la mort, qui a frappé Lazare, le frère de Marthe et Marie, l'ami de Jésus. Voyant leur frère très malade, les deux sœurs ont envoyé chercher Jésus, mais il était alors persona non grata dans leur ville et a mis plus de temps que prévu pour arriver.

Quand le Christ peut enfin se trouver au chevet de Lazare, celui-ci est déjà mort depuis quatre jours. Les deux sœurs l'attendent sur le seuil de la maison, elles sont furieuses : « C'est maintenant que t'arrives ? T'aurais mieux fait de rester chez toi, c'est trop tard désormais ! »

Leur frère est mort, c'est tout ce qu'elles voient, elles n'ont pas en tête que Jésus risquait la lapidation en entrant dans la ville.

Mais Jésus demande à être conduit au tombeau, où Lazare a en effet été embaumé et enterré. Jésus crie d'une voix forte : « Lazare, sors ! » Et Lazare, qui était mort, se libère des bandelettes qui l'enserrent et sors tranquillement du tombeau comme s'il se réveillait d'une sieste.

1. « Dis-moi, que comptes-tu faire avec ta vie unique et précieuse ? »

Le paralytique sous son portique

Un paralytique attend sous le portique de la ville. Avec d'autres paralytiques, il attend de pouvoir accéder à une piscine où un ange du Seigneur agite l'eau, ce qui guérirait les malades. À l'époque, le système était moins perfectionné qu'à Lourdes aujourd'hui et le paralytique en question n'a pas de brancardier pour le conduire à la piscine miraculeuse. Jésus, passant sous le portique, voit le paralytique qui ne bouge pas. Au lieu de lui demander : « Kestufous ? », il lui demande : « Veux-tu être guéri ? » L'autre lui répond qu'il aimerait bien, mais qu'il ne peut point... Et Jésus lui dit : « Lève-toi, prends ton grabat et marche. »

Dans ces deux histoires, l'impensable se produit : Lazare se relève des morts et sort du tombeau ; l'homme paralysé depuis trente-huit ans se met à marcher sans plus de cérémonie.

Mais, si on y réfléchit bien, n'est-ce pas plus reposant d'être mort que de vivre ? Plus reposant d'attendre (sans même rien réclamer du tout !) sous une porte, que de se mettre à marcher. Et, en plus, il faut porter son grabat !

Et peut-être qu'ici la Bible nous dit quelque chose d'important sur nous-mêmes : vous reconnaissez peut-être vous-même cet état de catatonie dans lequel on se sent, paralysé ou dans un état de mort avancée.

Les belles au bois dormant

Une partie de nous semble morte. Peut-être même morte ou inerte depuis suffisamment longtemps pour que le processus semble irréversible. Marie-Louise von Franz, dans *La femme dans les contes de fées*[2], écrit qu'une femme peut rester pendant longtemps endormie, comme la Belle au bois dormant. Mais un homme aussi le peut, nous sommes

2. Éditions du Dauphin, 1999.

nombreux à avoir cette capacité de rester morts à nous-mêmes pendant un certain laps de temps. Pourtant – c'est ce que nous dit la Bible, c'est ce que nous disent les contes de fées, c'est ce que nous disent toutes ces histoires que les hommes se transmettent depuis des siècles – en cet être que nous croyons éteint, il reste une partie de lui qui aspire à vivre, à marcher, à se remettre à fleurir ! Cette petite voix en lui, cette force (que certains appelleront Dieu, d'autres « instinct de vie », « Univers », « destin », etc.), nous secoue à un moment donné. « Bon, alors, tu te réveilles ? Hé ! Lazare, tu descends ? »

Oui, tu vas devoir te relever (Bouh ! Tu es rouillé) et porter ton grabat (Bouh ! C'est lourd) et te remettre à marcher (comment on fait déjà ?).

Mais comme Jésus de l'Évangile, comme le Prince du conte, une force à l'intérieur de nous nous appelle et croit que, non seulement, nous aspirons à la vie non endormie, mais aussi que nous sommes capables de réveiller cette partie de nous qui était bloquée, coincée, paralysée, morte.

Trouver le moyen de nous relever

Le projet de ce livre consiste à chercher des pistes pour prendre notre grabat et nous remettre à marcher. Des pistes qui passent par la Palestine et Israël, l'Europe du Nord, la France et le Japon. Japon pour qui la Seconde Guerre mondiale s'est terminée non seulement par une défaite cuisante, mais par Hiroshima (le 6 août 1945) et Nagasaki (le 9 août suivant) – autrement dit la destruction nucléaire, qui en un instant anéanti le présent et l'avenir.

On peut parler de mort, de néant, de désespoir. Or, non seulement le Japon s'est reconstruit, mais il a été, pendant les années quatre-vingt et quatre-vingt-dix, à la pointe de la technologie et de l'efficacité industrielle. Bel exemple de résurrection !

Au moment où je commence à écrire ce livre, je sors moi aussi d'un épisode paralytique, d'un épisode Belle au bois dormant (mais quand même, pas d'un épisode Hiroshima !).

Je ne suis pas tatouée, mais j'écris de temps en temps une phrase sur mon avant-bras gauche, une phrase qui m'encourage. L'une de ces phrases que j'écris quand j'ai besoin de me relever. Souvent pour moi, c'est : « Lève-toi, prends ton grabat et marche »

Et toi ? Quelle serait ta phrase ?

Lève-toi, prends ton grabat
et marche !

Nous sommes des nains assis sur les épaules de géants

« Fermer les volets
Et ne plus changer l'eau des fleurs
Oublier qui tu étais
Ne plus jamais avoir peur. »

Viktor Lazlo

Nous nous sommes réveillés… et maintenant, comment on fait ?

Trouver l'antidote

Les ennemis jurés de la mise en action, de celui qui désire avancer dans sa vie, se sont l'apathie et l'aquoibonisime.

Le premier est redoutable. C'est l'incapacité d'être ému ou de réagir que ce soit par mollesse, indifférence, état dépressif, etc. L'apathie est un mal terrible car elle nous prive de nos dernières forces. Déjà que nous ne sommes pas brillants-brillants, elle en rajoute en trouvant tout plein de raisons pour continuer à aller mal.

Pour contrer l'apathie, je ne connais rien d'autre que la vigueur. Qui parfois peut venir de nous, parfois nous être insufflée. Quand mon amie Martine a des douleurs articulaires, elle se met à inventer quelque chose, elle fait un dessin, un petit bricolage et elle n'a plus mal, enfin en tout cas elle n'y pense plus.

Quant à mon ami curé, il nous engueule au moment du sermon, surtout les « vieux ». Il tonne : « Alors, les anciens, vous pensez que vous ne servez plus à rien ? Mais alors, votre présence ? Alors, l'écoute ? Alors, accueillir quelqu'un chez vous ? Il y a toujours quelque chose que l'on peut faire. » Un vrai poil à gratter, ce curé, un vrai empêcheur de rester tranquille à tourner en rond sous son portique.

Évidemment, ces deux attitudes ne fonctionnent que si le mal (l'apathie, l'état déprimé) n'est que légèrement ancré en nous.

Le second ennemi de la mise en action, c'est l'aquoibonisme. Je me lève le matin : pourquoi me fatiguer à faire mon lit, puisque je vais le redéfaire ce soir ? Je songe à écrire un livre, mon œil se pose sur les tables des libraires surencombrées : pourquoi l'écrire, ce livre, puisque tout a déjà été écrit ?

En antidote à l'aquoibonisme, je pense souvent à l'histoire du colibri.

La forêt où il habite prend feu. Vite, vite, il vole vers la rivière et remplit son bec d'eau. Il la crache sur l'incendie et repart vers la rivière. Le voyant faire, l'aigle ricane : « Tu crois que tu vas éteindre cet incendie avec la goutte d'eau que ton pauvre bec est capable de transporter ? » Et le colibri répond : « Sans doute que ma goutte d'eau ne va pas suffire, mais je fais ma part. »

Faire sa part

Tu sais, il y a des phrases qui nous accompagnent toute notre vie, des phrases qui n'en finissent pas de nous habiter, de nous titiller, de nous faire avancer. Je suis hantée par un certain nombre de ces phrases qui se succèdent dans ma tête, parfois une nouvelle rejoint les vétérantes, nouveau fantôme dans le sous-sol d'une maison hantée.

L'une des phrases qui me guident depuis des années, c'est : « Nous sommes des nains, et nous sommes assis sur les épaules de géants. » Je l'attribue à Didier Hauvette parce que c'est le premier à me la dire, mais un brin de recherche m'enseigne que cette phrase a aussi été prononcée par Bernard de Chartres, maître du XIIe siècle, puis par son élève Guillaume de Conches, puis par Jean de Salisbury, puis par les chercheurs et penseurs comme Isaac Newton ou Blaise Pascal. Nous sommes nombreux à nous sentir appelés par cette phrase !

Il est tentant de croire que l'on peut éteindre l'incendie tout seul ; tentant de croire que ce que l'on invente, ce que l'on trouve ne sera pas dépassé. Et les scientifiques le savent, ils sont « condamnés » à être dépassés par les chercheurs qui viendront après eux. Oui, l'ego souffre. Et l'ego y trouve parfois sa justification pour ne rien foutre : « Vu que je ne peux pas éteindre l'incendie tout seul, je reste dans mon nid » (en attendant qu'il crame, patate !).

Et toi, cher lecteur, quelle phrase allume en toi cette envie, ce besoin d'avancer ?

Faire du changement une aventure

« Comme quoi une idée est toujours une bonne idée, du moment qu'elle fait faire quelque chose, même si tout est entrepris de travers. »

Marguerite Duras

Il y a bien des choses désagréables sur terre. L'une d'elles est l'injonction de changer quand elle vient des autres. Une autre est la nécessité de changer quand on se rend compte que c'est ce qu'il faudrait faire, ce qu'il faut absolument urgemment faire, mais, dans quelle direction aller ? Par où commencer ? Où trouver l'énergie ?

Souvent, je sais que j'ai besoin de me transformer, sans avoir la première idée ni de comment m'y prendre, ni quelles ressources mobiliser. Alors oui, il convient de faire du changement une aventure.

La petite voix qui appelle à changer

Moi, personne ne m'a demandé de changer. Personne à l'extérieur. Mais une multitude de petits signes à l'intérieur me disent depuis des mois : « Ça ne va pas, ça ne va pas. Ta vie ne te convient pas. Tu es à moitié vivante ou moins, et moitié vivante ça ne suffit pas ». Cela prend du temps d'écouter les signes. C'est l'hiver. J'ai un rhume. Les affaires sont molles. Toutes les raisons sont bonnes pour me sentir moyen-moyen. Sauf que le moyen-moyen perdure et se transforme en fatigue de vivre. Et se transmet à l'entourage proche. La pente dépressive est contagieuse.

Quelque chose doit changer. Ce n'est pas une franche crise, c'est un marasme intérieur, ce qui rend la situation à la fois plus confortable et plus difficile car si la contrainte est intérieure, ça n'« urge » pas.

Quelque chose doit changer, j'ai envie et j'ai peur. Et j'ai besoin. Et je ne sais pas dans quelle direction aller. Par où commencer? Quel fil tirer dans la pelote inextricable de mes insatisfactions? Comment lancer cette aventure ?

Un voyage immobile

Pour écrire ce livre, je suis installée au dernier étage de ma maison, qui en comporte trois. J'alterne entre mon bureau, peint en gris de la réflexion et rouge du désir, qui contient des piles de cahiers, une vingtaine de jouets à roulettes que je collectionne, des piles de livres, des tonnes de boîtes. Oui aussi, pas mal de bazar dont je devrais me débarrasser pour avoir la place de circuler, d'y voir clair, d'ajouter d'autres boîtes, mais cette fois pleines d'objets utiles.

Ce bureau fait partie des innombrables endroits de ma vie où un changement s'impose et où je n'ai pas le courage de m'y mettre. Je compte bien sur ce livre pour m'aider à en faire un endroit vivable et fonctionnel, ça ne lui ôtera rien de son charme.

Quand je ne suis pas assise à la table de mon bureau, j'écris depuis mon lit, qui donne sur le plus merveilleux terrasson du monde, terrasson ou balconou ça dépend de l'humeur, rempli de pots remplis de terre et de plantes, par exemple un figuier, un pêcher, une pensée violette, des plants de tomate, un avocatier, deux verveines, un géranium rose framboise, des framboisiers, des cassissiers, une lavande, un jasmin, plein de boutures en tout genre, des galets, des pots, un arrosoir rose, un mini-tabouret vert, une vierge sans mains... Le paradis sur terre, où des mésanges viennent piocher dans la petite maison aux oiseaux et choisissent les graines qu'elles préfèrent parmi toutes les autres graines du mélange... Chaque matin, je suis réveillée par le tic tic, de leur bec en train de casser la coque des graines de tournesol contre la balustrade du balconou. Voilà ce que je regarde et ce que j'entends, lorsque je travaille sur mon lit.

Écrire, qu'est-ce donc, sinon un voyage immobile ?

Nombre d'écrivains, de philosophes, ont pourtant été des écrivains voyageurs. Et moi aussi, pendant les mois d'écriture de ce livre, je prévois de traverser la France en largeur et en longueur, au gré de nos déplacements familiaux et estivaux. Donc si écrire est un voyage immobile le temps de l'écriture, avant cela naît un besoin de vadrouiller pour nourrir le texte ou tout simplement vivre sa vie.

La reconnexion à son désir

Je vous avais promis de vous faire voyager. Voilà un voyage particulier. Non, il n'est pas immobile, mauvaises langues, mais c'est un voyage qui finalement n'aboutira pas à bon port. Ou du moins, les voyageurs n'iront pas là où ils avaient prévu de se rendre. Mon histoire se passe dans le nord-ouest de l'Allemagne, pas très loin de la mer du Nord, dans le cœur de cette Allemagne sillonnée par les frères Jacob et Wilhelm Grimm pour en recueillir des contes traditionnels, rassemblés et édités plus tard sous le nom de *Contes de l'enfance et du foyer*, et que nous connaissons sous le nom de *Contes de Grimm* (on en vient toujours à l'appartenance ! Ce n'est pas eux qui ont inventé ces histoires, elles nous viennent de très loin : eux ont pris la peine de collecter la tradition orale et de la restituer par écrit).

Ce conte prend place dans une ferme. Je l'imagine allemande, mais en réalité cela pourrait être n'importe quelle ferme du nord de l'Europe, disons au-dessus de la Loire. Un âne, qui ne fait plus l'affaire pour tirer la charrette, car il a vieilli, entend son maître dire qu'il va finir à la boucherie. L'idée ne lui plaît que moyennement. Et, même s'il est trop fatigué pour tirer une charrette, il a encore de la force pour faire tout un tas de choses ! Chanter, notamment ! Et s'il allait s'engager dans la fanfare de Brême ? Il a entendu dire qu'on y cherche des choristes... Lui-même ayant un organe très puissant, il décide de s'enfuir de la ferme, d'échapper au boucher et de tenter sa chance dans la fanfare. Vous vous souvenez peut-être de la suite de l'histoire : l'âne rencontre un coq, un chat et un chien, tous trop vieux pour servir à leurs maîtres, mais pas assez vieux pour passer à la casserole. Tous, dotés d'une bonne voix et d'encore assez d'énergie, ont accueilli avec enthousiasme ce nouveau projet de vie.

Évidemment, en chemin, ils ne savent pas trop où dormir. Ils trouvent dans la forêt un grand arbre qui fait le bonheur de tout le monde, qui au pied, qui dans le creux d'une branche, qui au sommet. Le coq est perché au faîte et aperçoit une lumière au loin. Il fait part de sa découverte à ses camarades et, tous ensemble se disent : « On serait quand même mieux pour dormir dans une vraie maison. Allez, zou ! On repart ». Le coq volette pour vérifier la direction, l'âne porte le chat sur son dos et le chien remue la queue comme savent faire les chiens. Arrivés devant la maison, les quatre compères regardent par la fenêtre et comprennent que des voleurs l'ont investie. Ils sont en train de festoyer sur la grande table de la pièce commune. À cette vue, l'estomac de nos voyageurs se met à gargouiller et ils se rappellent qu'ils n'ont pas dîné. « Ce festin serait plus à l'aise dans notre estomac que dans le leur », remarque le chien. « Oui, mais comment faire ? » demande l'âne. « J'ai un plan », dit le chat.

Les voleurs vont se coucher, les lumières s'éteignent. Là, c'est le capharnaüm : hurlements, ruades, morsures, piqûres de bec, cris stridents, hennissements... Les voleurs, effrayés, fuient dans la nuit sans demander leur reste. Ils raconteront plus tard à leur chef, planqué dans un autre lieu, qu'une terrible sorcière les a attaqués. Les quatre animaux s'installent à leur place, terminent le repas laissé en plan sur la table, et chacun trouve son coin cosy soit dans la grange, au coin du feu, sur le canapé ou en haut de la porte.

Si vous passez par là, vous verrez qu'ils y habitent encore. Et la fanfare de Brême ? Oh, elle a trouvé sans doute d'autres choristes !

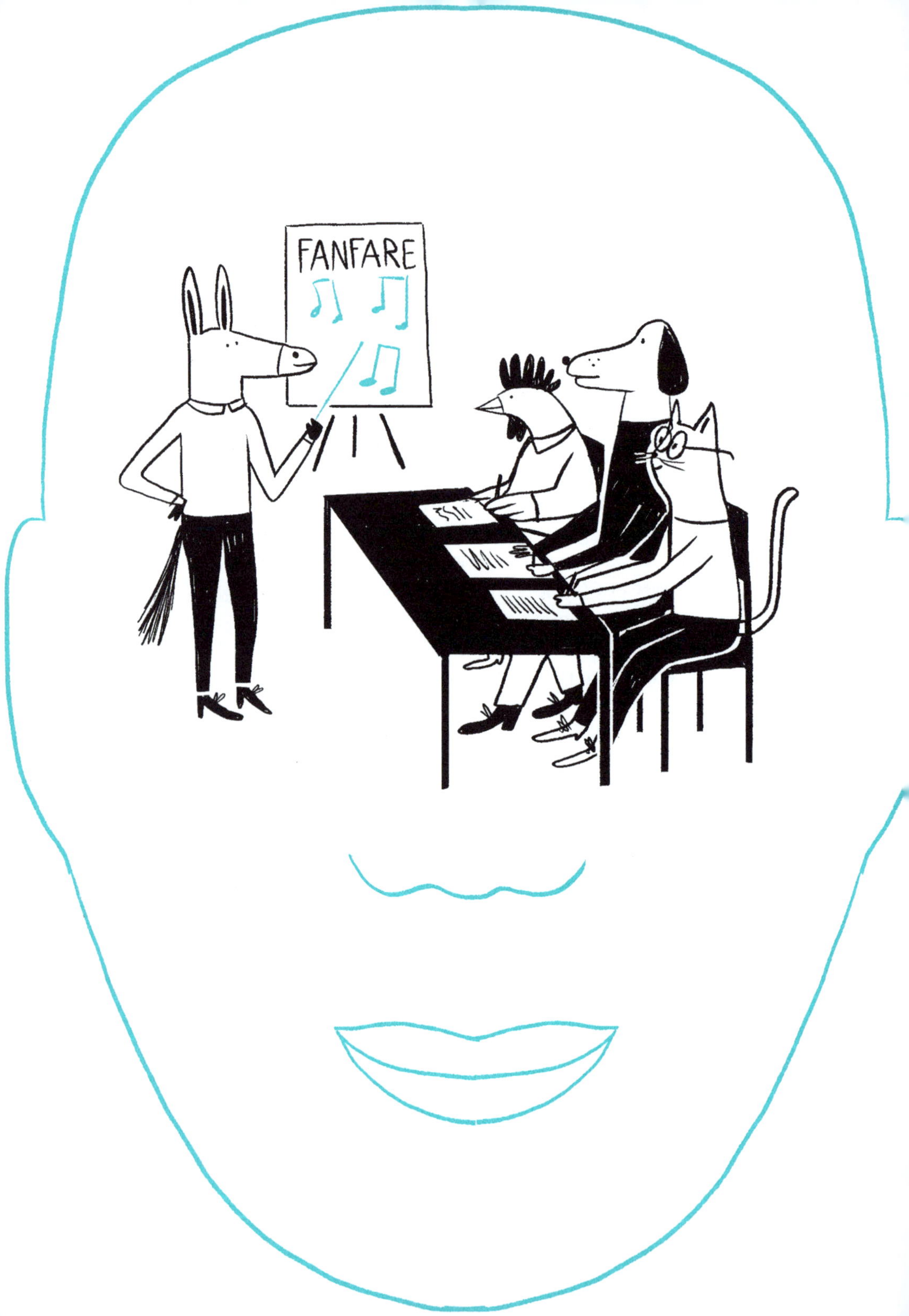
FANFARE

J'adore ce conte depuis que Jean-Pascal Debailleul me l'a raconté de nouveau et en a débrouillé le sens. L'âne, le coq, le chien, le chat sont des parties de nous en état de mort psychique. Elles ne progressent plus, ne nous servent plus à rien. La partie qui décide, notre « moi », veut directement les mettre au panier. C'est ce que nous faisons quand nous disons : « Allez, je suis trop vieux pour ces conneries. » L'âne se rebelle : il a une idée, un projet, une envie qui est complètement farfelue, mais peu importe. Cette idée le met en mouvement et le conduit à se rassembler avec d'autres parties de sa psyché, représentées par le coq, le chat, le chien, dont il était jusqu'alors séparé. Cela nous arrive, vous savez, quand on est faiblard, de ne pas embrasser toutes nos richesses, toutes nos dimensions, de ne pas les lier entre elles, mais de vivre notre vie en silo, de vivre des événements, des moments en les coupant les uns des autres. Le fait que l'âne se mette en mouvement vers son idée farfelue d'aller chanter pour la fanfare de Brême, cela remet toute la psyché en ordre de marche et toutes les parties de lui, fatiguées, au bout du rouleau, en danger de mort, se remotivent et lui emboîtent le pas pour aller supposément à Brême.

En chemin, ils trouvent une maison qui leur plaît. De voir les voleurs dans cette maison les reconnecte à leur désir : avoir un lieu à eux, où chacun a une place qui lui convient, chacun peut jouer son rôle, chacun est valorisé. En plus du bon repas qu'ils aperçoivent sur la table. Ils s'unissent pour aller conquérir un chez eux. Ruades, coups de bec, de griffes, crocs... les vieux animaux retrouvent la pleine capacité de leurs talents pour gagner leur maison.

La fanfare de Brême ? Oubliée. Ce rêve farfelu leur a simplement servi à se mettre en mouvement. À se réunir. Et à connaître leur véritable rêve.

Après la lecture et l'étude de ce conte, je me suis mis en tête de faire de la radio. Une seule radio trouvait grâce à mes yeux, France Culture. C'était la radio que j'écoutais matin et soir depuis huit ans ! J'ai pris contact avec un producteur que je connaissais, il m'a encouragée et on a bricolé ensemble un projet de chronique, qui n'a pas vu le jour. Puis un autre, qui n'a pas vu le jour non plus. Pendant trois ou quatre ans, j'ai noirci carnet sur carnet pour alimenter cette fameuse chronique, puis une autre. J'ai rencontré du monde à la radio. J'ai pris des cours de yoga de la voix pour mieux la placer. J'ai aussi accepté toutes les occasions de parler en public, pour m'entraîner.

J'ai finalement laissé tomber mon rêve de radio après un échec à une audition pour une émission quotidienne et un échec suivant pour préparer un documentaire sur le travail à la maison. J'ai finalement coécrit avec une amie le livre sur le travail à la maison[3]. Et je suis devenue formatrice et conférencière ! Pas de radio, donc, mais un grand désir, un mouvement qui a contribué à me former, me transformer, me faire avancer jusque-là où je suis aujourd'hui.

C'est ça qui est formidable quand on part à l'aventure : on ne sait pas, absolument pas, où on va arriver ! On a peut-être une idée, vague, ou farfelue, de là où on voudrait se rendre, mais on sait surtout que l'on doit partir. C'est une question de vie ou de mort pour notre âme. Car le mouvement, à cet instant présent, est ce dont on a besoin pour se sentir, à nouveau, vivant.

*

Et toi, mon lecteur… Quel serait un rêve, une chimère pour lesquels tu serais prêt à te mettre en route ? Allez, pas une, vingt : note vingt phrases qui commencent par « J'aimerais ». Tu vas voir : vingt idées, cela peut sembler beaucoup mais dès que tu t'y seras mis, tu trouveras plein de choses susceptibles de t'enchanter.

3. Christie Vanbremeersch et Marie Bousquet, *35 repères pour mieux travailler de chez soi*, Éditions Leduc, 2012.

La tentation de TOUT révolutionner d'un coup

« Dans ton combat contre le monde, seconde le monde. »

Franz Kafka

Chacun de nous aurait-il sa propre théorie sur le changement ? Comme chacun en aurait une sur ce qu'il faudrait faire pour réformer l'Éducation nationale, endiguer le réchauffement climatique, faire durer son couple...

Je n'ai pas de théorie particulière sur le changement, juste un tâtonnement dont je vous rends témoins. Si je n'ai pas de théorie, j'ai des yeux et des oreilles pour me rendre compte qu'il existe plusieurs attitudes face au changement choisi. Je ne parle même pas du changement imposé ! Nous allons limiter notre champ de réflexion et d'exploration au changement choisi, à celui qui dit : « Je voudrais que ça change. »

LE RÉVOLUTIONNAIRE
Hasta la Revolución, Siempre!
"Je dis que je change et je change tout du jour au lendemain".
LE KAIZEN
"Je change de manière volontaire un petit pas après l'autre".
LE VELLÉITAIRE
Si si, je change.
"Je dis que je change mais je ne fais rien".
3,2,1...
LE SYNCHRONE
"J'ai le désir de changer mais j'attends le moment propice".
LE RÉSISTANT
"Je dis que je désire changer mais je résiste complètement au changement".

Les différentes attitudes face à la décision de changer

Concernant le changement, plusieurs stratégies sont adoptées, plusieurs attitudes, décidées ou pas.

Le mode révolutionnaire : *Hasta la revolucion, siempre*

Je le vis lorsque j'arrête du jour au lendemain une pratique ou une amitié, ou de participer à un réseau professionnel ou personnel. Du jour au lendemain, c'est fini, je ne peux plus être à cet endroit, adhérer. J'ai eu aussi, dans mon jeune temps de salariée, la « démissionnite » aiguë. Le plus souvent, ce n'est pas une décision prise par ma raison ni par mon cœur. La première me dit : « Merde ! Tu as construit (une amitié, un tissu relationnel, une position), et tu vas tout lâcher ? » Le second me crie qu'il pleure, qu'il ne veut pas quitter tous ses amis. Mais une autre chose en moi, j'imagine que c'est ma partie qui sait tout, dit : « C'est fini, je n'y mettrai plus les pieds. » Et c'est elle qui décide, je vous permets de le croire. Ma psy, cette sage femme, dit qu'il ne faut pas chercher à tout décider.

Évidemment, il m'arrive d'accueillir du jour au lendemain des personnes, des pratiques dans ma vie qui vont venir la structurer. Ainsi, le 8 octobre 2010, je me suis engagée à écrire chaque matin trois pages manuscrites sur un cahier que je ne montre à personne. Je les écris quand je peux, souvent dès le réveil, et sinon, avant midi. J'ai tout de suite senti que cette pratique d'écriture sans queue ni tête viendrait soigner mon âme et libérer sinon les livres qui dormaient en moi, du moins quelques-uns ! Hé bien ! Du jour au lendemain, j'ai réglé mon réveil plus tôt, j'ai prévenu ma famille, j'ai acheté des cahiers et vogue la princesse, j'étais engagée dans cette pratique des pages du matin qui ne m'a jamais quittée depuis et m'a en effet permis de vivre un tas d'aventures.

Le mode révolutionnaire, du passé faisons table rase, c'est aussi le mode préféré des... révolutionnaires, ceux qui ont fait advenir le 14 juillet 1789 ou le 25 octobre 1917. Allez, hop ! Des milliers d'exilés et de têtes coupées (ou de gens morts de froid). Dans un registre organisationnel, c'est aussi la manière que conseille l'ultrarangeuse Marie Kondo : on range tout d'un coup, on jette tout d'un coup (et c'est ainsi que les organismes de recyclage se retrouvent ensevelis sous des tonnes de vêtements dont ils ne savent que faire).

Le mode kaizen

Comme tu l'as compris, mon avisé lecteur, le kaizen, c'est l'objet de ce livre, un petit pas à la fois, en mode décidé et réaliste. C'est le mode que j'aimerais utiliser le plus souvent. Savoir si j'y parviendrais... c'est une autre paire de manches. Bon, rendez-vous dès le prochain chapitre pour nous consacrer pleinement à lui.

Le mode velléitaire

Rien qu'à orthographier, il est pénible, ce mot : je ne sais jamais où coller les accents, où coller la double consonne. Le velléitaire est empêché par tout un tas de trucs. Peut-être qu'il voudrait changer trop de choses à la fois. Peut-être qu'il voudrait changer, mais il commence par une trop grosse marche. Peut-être qu'il aime parler de changement, mais qu'il n'a pas vraiment envie de changer. Peut-être qu'il ne sait pas comment commencer. Peut-être qu'il sait que quelque chose devrait changer, mais quoi ? Comment ?

Peut-être qu'il a peur.

Toutes ces objections au changement sont de super bonnes raisons. Soyons donc un peu plus douce avec ledit velléitaire. Déjà, j'ai appris à positionner accents et double consonne, et dédions-lui ce livre... s'il y a en lui, quand même, un désir sincère de changer quelque chose dans sa vie.

Le mode synchrone, mon petit chéri

L'autre jour, je déjeune avec mon amie Candy. Pour la première fois depuis plusieurs mois (sinon des années), je lui trouve super bonne mine. Pourtant, elle me raconte qu'elle a au sein une boule bizarre, et des pertes de mémoire. Depuis des années, elle veut trouver un amoureux, acheter un appart, changer de job (faire le même dans une boîte plus dynamique et plus prestigieuse). Malgré ses efforts dans ces trois domaines, des apparts visités, des rencontres qui se sont concrétisées mais n'ont pas abouti à une relation suivie, des dizaines d'entretiens, rien dans sa situation n'a changé. « Alors, comment ça se fait que tu irradies ? » je lui demande. « J'ai arrêté d'essayer, me confie-t-elle. Oh, je n'ai pas baissé les bras. Mais je profite de mon appartement qui est super-bien situé. Ma cheffe a appris que je voulais changer de job et elle a envie que je reste, et que je sois contente de rester, alors elle m'a offert de nouvelles responsabilités, travailler à un nouveau site Internet pour notre activité, monter en compétence auprès de clients grands comptes et le bénéfice de séances de coaching. La coach qui m'accompagne m'aide à m'affirmer et à me dissocier de ma collègue qui critique tout ce que fait notre boss, me décourageait dès que j'émettais une nouvelle idée, un désir d'entreprendre quelque chose. Bon, pour l'amoureux, on verra bien... » Mon amie s'amuse comme une folle. En arrêtant de s'escrimer à changer sa situation, elle arrive à voir toutes les possibilités présentes dans sa situation actuelle et à les saisir.

Le synchrone a compris ce que Candy vient de découvrir. Il attend le bon moment pour que les choses se fassent. Le synchrone, mes amis, est paresseux à bon escient ; c'est un genre de marin qui a compris que le bateau avance mieux quand le vent souffle dans le dos de sa voile. Le synchrone a peut-être aussi payé de sa personne, comme Candy, comme moi dans une vie antérieure, et s'est esquinté le bout des doigts contre les murs en crépi bien dégueu dressés autour de leur rêve. Un jour, il n'a plus eu d'ongles, plus eu de jus à s'escrimer en vain et s'est dit : « Dans mon combat contre le monde, et si plutôt je secondais le monde ? » Le mode synchrone prend la main quand la volonté n'a pas marché. En avant les surprises ! Et l'ouverture.

Le résistant, prouve que tu existes

Dernier mais pas des moindres, le résistant. « Fais attention à ce que tu souhaites, ça pourrait bien t'arriver. » Je n'ai pas trouvé à qui attribuer cette phrase, mais elle a été écrite pour le résistant. Alors celui-là, il a voulu le changement, il l'a réclamé à cor et à cri, et quand le changement désiré advient, il se débine. Ce n'est plus ce qu'il voulait, il veut revenir à l'ancienne version, il aimerait même carrément retourner dans le ventre de sa mère ! C'est que, imaginer une chose avec sa tête et la vivre avec sa chair, et dans sa réalité, ce sont des choses très différentes. Le nouveau boulot, le nouvel appart, le nouvel amant, le petit frère, toutes ces nouveautés ardemment désirées, une fois qu'elles sont dans notre vie, qu'elles font notre vie, cela peut-être très difficile de s'habituer à elles. Tel un hérisson, le résistant se roule en boule, c'est sa manière de dire : « Je ne voulais pas être là. » Cette attitude peut être très déroutante pour les personnes qui ont moins de mal à s'adapter au changement, ou pour celles qui l'ont aidé à ce que le changement advienne.

En mars 2014, nous avons emménagé dans la maison de nos rêves, à Malakoff, en proche banlieue parisienne. Quittant Paris et l'appartement que nous avions habité pendant dix ans, qui avait abrité la toute petite enfance de nos filles. J'étais ravie de trouver cette maison, mais j'ai très mal supporté le déménagement (casser nos cosmogonies, mettre nos affaires dans des cartons, subir l'éloignement du quartier où nous avions toutes nos habitudes, et le « déclassement » de Paris à la banlieue…).

Depuis que j'ai appris que le déménagement est la troisième source de gros stress après un deuil ou un divorce, cela me rassure de savoir que je ne suis pas la seule à éprouver cela. Mais Nico, mon mari, a été désemparé car nous avions été ensemble enthousiastes tout au long du processus de choix, d'achat de la maison et quand nous y sommes arrivés, je me suis effondrée, régressant à l'état d'enfant de dix mois, sidérée, tandis que lui s'affairait pour déballer les cartons, assembler les meubles et nous construire un nid.

Je me suis sortie de cette catatonie avec l'aide de ma psy qui m'a conseillé d'accepter cet état, de le contempler, de le respecter : j'aurais aimé me sentir enthousiaste et active, et je me sentais une toute, toute petite fille, très perdue et vulnérable. Bon, une fois que je me suis regardé être celle que j'étais, les choses sont très vite revenues « dans l'ordre » et j'ai pu commencer à entrer et à aimer notre nouvelle situation. Inutile de vous dire que deux mois après notre emménagement, j'étais à Malakoff comme un poisson dans l'eau.

Et toi, cher lecteur, comment réagis-tu face au changement ?

As-tu un mode de fonctionnement favori ? Ou bien changes-tu de mode de changement en fonction des circonstances (et tu fais bien comme tu peux !) ou bien encore as-tu trouvé une autre attitude face au changement, la tienne propre ? Comment la qualifierais-tu ?

Mieux qu'hier, moins que demain

Lorsque j'étais enfant, ma mère travaillait hors de la maison. Elle a exercé des fonctions de marketing et de vente, principalement dans des boîtes « d'ingénieurs » ; du coup, c'est une nounou qui s'est occupée de moi de ma naissance à mon départ de la maison, pas toujours la même heureusement et malheureusement (certaines ont été géniales, d'autres non). L'une de mes nounous, qui nous demandait de l'appeler Manou, était une petite femme aux cheveux courts teints couleur auburn. Elle était nerveuse, très déprimée, car son fils aîné se droguait. Elle m'a transmis son angoisse de la drogue, m'a appris à m'épiler les sourcils et nous a quittés pour suivre son mari, gendarme, à Aubenas.

Manou portait à son cou une médaille en plaqué or, en forme de cœur, avec un + en rubis et un - en diamant. Lorsque je lui ai demandé la signification de ces deux signes superposés sur sa médaille, elle s'est exclamée avec son accent pied-noir (pour cumuler le tout, elle avait été chassée du paradis perdu de l'Algérie, elle avait vraiment, Manou, plusieurs raisons de déprimer) : « Mais, Christie, tu ne sais pas ce que c'est une médaille d'amour ? »

De mieux en mieux

J'ai appris à cette occasion qu'une médaille d'amour était un cadeau fait par un amoureux à son amoureuse, et que les signes + et - signifiaient « plus qu'hier et moins que demain ». Moi qui, à l'époque, étais loin d'avoir un amoureux, j'ai eu très envie d'en avoir un, qui m'offrirait une médaille de ce type. Même si j'étais perplexe, car à part l'histoire de la médaille, Manou n'était pas particulièrement élogieuse à propos de son mari.

Lorsque j'ai rencontré mon propre amoureux, celui avec lequel je vis maintenant, j'ai été enchantée à de nombreux égards, mais j'ai été obligée de déchanter rapport à la médaille d'amour. Il n'est sensible ni à l'objet ni, apparemment, à la promesse de s'aimer aujourd'hui plus que demain.

Je garde en moi, pour moi, cet idéal : cultiver ma capacité à aimer Nicolas et ceux que j'aime de mieux en mieux. Cette pensée et cette réalité me sont très aidantes. Je fais de nombreuses bourdes relationnelles et je ne suis pas obligée de persévérer dans ces bourdes. Je peux les reconnaître, éventuellement m'excuser, décider de m'amender.

Oh ! Oui, je t'aime imparfaitement, mais mieux qu'hier, moins bien que demain.

Et je trouve extraordinaire la capacité qu'ont mes aimés et notamment mes enfants notamment, la capacité, disais-je, à me pardonner, à dire (avec des mots ou avec leurs bras autour de mon cou, leur corps blotti dans mon creux) : « OK, tu vas mieux faire. Tu es capable de mieux. Je crois en toi. » Comme moi j'ai pu leur dire, aussi.

– HIER
+ DEMAIN
BOM
BOM
BOM
BOM
BOM
Bom
BOM
BOM
BOM
BO

Se projeter dans l'attitude désirée

Une personne et une question m'ont aidée à sortir de la culpabilité liée à mon impatience, ma dureté maternelle. La femme qui m'accompagnait alors que mes deux filles étaient dans leurs petites classes était psy-sorcière. Et un jour que je suis allée la voir, percluse de remords d'un trajet où je m'étais mise en colère contre mes pinsons, elle m'a dit : « À quoi ça sert de retourner cette scène en boucle dans ta tête ? Le passé, tu ne peux pas le défaire. Demande-toi plutôt : «Comment je ferai la prochaine fois ? »

Et là, j'étais capable de me projeter, et de répondre, d'imaginer pour moi-même comment je voulais que se passe le prochain trajet.

Et voilà qu'aujourd'hui, dix ans après cette séance, trente-deux ans après que Manou a suivi son mari gendarme à Aubenas, je découvre cette phrase, la devise du kaizen : « Mieux qu'hier, moins bien que demain ».

Je ne sais pas si cette pensée est vraie, mais elle est consolante : j'ai déjà beaucoup travaillé sur moi, sur mon caractère, et je continue à le faire. Je sais que je progresserai par à-coups, même si je vais tenter de rendre mes efforts le plus consistant possible.

Chaque jour me rapproche de ma mort et ce temps qui me reste, je peux décider de l'employer (entre autres entreprises) à m'améliorer.

Notre besoin de consolation

Cette phrase me console d'autre chose : de toutes les fois où j'ai été triste alors que je venais de faire une découverte, un nouvel outil pour mieux communiquer avec les autres ou avec moi-même ; j'ai été à chaque fois partagée entre la joie de cette découverte et cette pensée : « Tout le temps que j'aurais gagné, tout le mal que je n'aurais pas fait ou que je ne me serais pas fait, si j'avais connu cette technique plus tôt ! »

Sauf que plus tôt, cette technique n'était pas sur mon chemin. Ou alors, je n'étais pas prête à l'accueillir dans mon mode de fonctionnement. Alors, voilà : j'accepte qu'à ce moment je sois au mieux de ce que je puis être ; et je prends l'engagement de faire en sorte de progresser encore demain, et après-demain, pas dans une course à l'échalote, mais dans une démarche de curiosité, de désir de bien faire, de mieux faire – tranquillement, à mon rythme.

Et toi, cher lecteur ! Pourquoi as/aurais-tu besoin d'être consolé ? Fais notamment le point sur une ou deux situations où tu as compris une notion, un concept, une manière de faire qui t'auraient permis d'agir mieux, d'éviter des erreurs que tu as encore aujourd'hui du mal à te pardonner…

Si tu veux des réponses, pose des questions

« Toute transformation commence par la question : que se passerait-il si… ? »

Jocelyn K. Glei

Les questions sont la porte de l'âme

« Les questions, écrit Clarissa Pinkola Estés dans *Femmes qui courent avec les loups*[4], sont la porte de l'âme ». L'âme que je me révèle à moi-même, l'âme que je consens à révéler aux autres. Question petit pas de côté qui suggère qu'une autre réalité est possible ; ou qui demande à connaître, réellement curieuse d'en savoir plus.

« Quelle est votre question préférée ? » est l'une des questions que j'aime poser aux personnes qui m'entourent. Souvent, mes interlocuteurs ne savent pas dire quelle est leur question préférée ; ils sont en revanche très inspirée à la question « quelles questions détestez-vous qu'on vous pose ». Un petit échantillon des questions détestées : « tu t'en sors ? », « quoi de neuf ? », « comment vont tes filles ? »

Ceux qui ont des questions préférées, ce sont les journalistes et les coachs en entreprise, qui se sont penchés avec acuité sur la question des questions ! Et encore, souvent, ils adaptent leurs questions au contexte – la journaliste Laure Adler raconte[5] par exemple qu'elle ne

---

4. Grasset, 1996.
5. Dans une interview pour *Nouvelle École*.

prépare pas ses questions et qu'elle attend de voir comment ça se passe avec ses invités parce qu'elle veut voir ce qui se développe et ne pas tomber amoureuse d'une question qui la coupe de la relation (elle donne la priorité à ce qui est juste, à ce qui surgit et pas à ce qu'elle a préparé, elle).

Moi aussi, j'essaie de m'adapter au contexte (et je ne suis pas toujours très bonne, enfin, tout de même, les gens me parlent volontiers. C'est les écouter jusqu'au bout, sans les interrompre, sans leur donner de conseils, sans ramener le sujet à moi qui me demande du travail).

Et quand j'en suis au moment de vouloir me transformer, moi, de transformer certaines attitudes ou aspects de ma vie, j'ai recours à des questions, des nouvelles que je trouve et qui m'enthousiasment ou me picotent, ou bien des questions « éprouvées » si je n'ai que celles-là sous la main.

S'ouvre alors un dialogue entre moi et ma partie qui sait tout.

Voici les questions que je me pose régulièrement :

- À quoi suis-je appelée (pour cette journée, cette semaine, cette année, cette période de ma vie...) ?
- Qu'aimerais-je qu'il se produise ?
- Qu'est-ce que je veux davantage ?
- Qu'est-ce que je veux moins ?
- De quoi ai-je la force ?
- Quelle toute petite action pourrais-je accomplir ?
- Quel pourrait être mon prochain petit pas ?

LES QUESTIONS SONT À LA PORTE DE L'ÂME

Remarque que mes questions sont douces. Je ne me persécute pas avec elles, je cherche à m'aimer mieux – à servir mieux –, à être vivante davantage. Je les apprécie parce que je leur trouve toujours une réponse. Et que cette réponse, si elle n'est pas confortable, me fait avancer.

Remarque aussi l'utilisation du conditionnel.

Mon travail consiste à me poser les questions. Les réponses, elles, arrivent en leur temps. Parfois, tout de suite ; parfois, un peu plus tard. Parfois, beaucoup plus tard ! Vers l'âge de 4 ans, j'ai eu l'image que j'irais habiter au Chili si tout dans ma vie s'effondrait. Je me suis demandé, longtemps, quelle était la signification de ce rêve... Dix-sept ans plus tard, j'avais réalisé mon rêve d'intégrer HEC, et je déprimais parce que je ne rencontrais pas d'amis ni ne trouvais de sens aux études de commerce. En plus, mon amoureux m'avait quittée... En allant regarder du côté du bureau des stages pour en trouver un, j'ai remarqué une affichette de quatre centimètres sur dix « Les amis du Chili recherchent des volontaires ». J'avais trouvé le sens de mon rêve. Je suis partie rencontrer le Chili et des Chiliens, et réparer ma vie pendant un an.

Là encore, je trouve de la sagesse dans les mots d'autrui, en l'occurrence, Rainer Maria Rilke : « Soyez patient en face de tout ce qu'il y a d'irrésolu dans votre cœur et essayez d'aimer les questions elles-mêmes [...] »[6].

Et toi, quelles sont les questions que tu aimes poser aux autres ?
Et à toi-même ?

Et quelles sont les questions que tu détestes que l'on te pose ?

6. *Lettres à un jeune poète.*

Si je ne suis que pour moi, qui suis-je ?

« Si je ne suis pas pour moi, qui le sera ?
Si je ne suis que pour moi, que suis-je ?
Et si pas maintenant, quand ? »

Hillel L'Ancien

Parmi les injonctions à se réveiller, et à agir tout de suite, il y a cette phrase d'Hillel l'Ancien – un contemporain de Jésus, qui dit d'ailleurs presque la même chose lorsqu'il dit : «Aime ton prochain comme toi-même»

Être le premier supporter de moi-même. Me donner à moi-même cet amour inconditionnel, investir en moi-même, prendre soin de cette personne que je suis, m'encourager. C'est important, c'est premier ; et cela ne suffit pas.

Ne pas vivre seulement pour moi

Je ne peux pas vivre uniquement « pour ma gueule ». Quel serait le sens d'une telle vie ? Quelle en serait la fécondité ?

À l'heure où je t'écris, je me sens à moitié fière de mon attitude : mon frère a besoin de nous confier ses enfants pendant une semaine de vacances, à ma mère et à moi, et nous avons renâclé. Finalement, les gamins sont avec nous, mais cette mauvaise grâce que j'ai mise à me pousser pour leur faire de la place, et les rapports de force dans notre famille, tout cela me laisse un goût amer dans la bouche.

SI JE NE SUIS QUE POUR MOI, QUI SUIS-JE ?

J'ai un peu honte et encore plus lorsque je tombe sur cette phrase du Colonel Anne-Cécile Ortemann, qui témoigne[7] des valeurs de son grand-père qui l'ont amenée à s'engager dans l'armée : « Penser aux autres et ne pas se recroqueviller sur soi-même, c'était important et cela le reste aujourd'hui. »

« Effata ! » crie Jésus. *Effata*, cela veut dire « Ouvre ton cœur » - et c'est bien de ce dont il s'agit dans les phrases d'Hillel et d'Anne-Cécile : il faut se « décroqueviller ».

Comment puis-je rendre service aujourd'hui ?

Une autre question qui m'aide à avancer est : « Comment puis-je servir aujourd'hui ? » (j'aime mieux la version anglaise : *How can I be of service ?*). Cette question fonctionne à merveille avec moi car je trouve toujours des réponses, des petites réponses toutes simples. Par exemple, à cet instant précis, je peux imaginer que je te rends service, à toi, lecteur, en poursuivant l'écriture de ce chapitre, ou bien je peux décider de rendre service à ma fille en descendant à la plage lui apporter son maillot de bain. Je pourrais retarder l'écriture qui reprendra de toute façon, et filer à la plage, mais pour une fois que je suis bien lancée ! Je crois que je vais poursuivre l'écriture de cet ouvrage en vertu de ce qui est bon pour moi, aussi.

Le « aujourd'hui » nous ramène à la dernière partie de l'aphorisme d'Hillel l'Ancien. Et si pas maintenant, quand ? Ce n'est pas dans dix ans que mes neveux auront besoin que je les accueille, ni dans dix ans que ma fille aura besoin de son maillot de bain, c'est aujourd'hui. C'est même maintenant. Je ne (me) fais pas de fausses promesses, je ne (me) dis pas : « Allez, demain je me pousserai, demain je me bougerai pour mon prochain, demain j'ouvrirai mon cœur. » C'est maintenant

7. Dans *La Croix* du 14 juillet 2019.

que je vais ranger mon ordinateur, maintenant que je vais préparer la table et maintenant que je vais te poser cette question qui, moi, me meut :

*

Cher lecteur, de quelle façon pourrais-tu rendre service, là, maintenant ?

Que pourrais-tu faire de bon pour toi ?

Que pourrais-tu faire qui rende service à une personne autour de toi ?

Stop à la plainte, oui à l'action !

« Never complain, never explain » (Ne jamais se plaindre, ne jamais se justifiée). Phrase attribuée à tout un tas de gens, notamment à plusieurs premiers ministres britanniques ! Le premier d'entre eux aurait été Benjamin Disraeli, Premier ministre de la reine Victoria.

Novembre 2007. Nous sommes une trentaine de femmes dans un grand salon d'un immeuble bourgeois du 7e arrondissement parisien. Toutes, nous attendons de voir, d'entendre ce que va nous dire la nouvelle coach en ville, Chine Lanzmann. « Je m'adresse à des femmes qui réussissent, qui veulent réussir, nous dit-elle. Mon travail, c'est, par le coaching, les formations, de vous aider à clarifier vos besoins et, ainsi, sortir de la plainte et passer à l'action ».

Sortir de la plainte. Nous nous regardons les unes les autres, nous sommes un peu sonnées. C'est vrai que si nous sommes présentes, c'est que nous rencontrons des difficultés dans nos carrières d'indépendantes, de chefs d'entreprise, de salariées. Si nous sommes présentes, c'est que nous voudrions plus, ou mieux, pour notre travail. Nous avons besoin que quelque chose change pour que notre travail devienne durable. Comment trouver des clients ? Comment trouver des clients qui acceptent de nous payer le prix juste ? Comment poser notre cadre avec nos clients ? Comment trouver l'aide dont nous avons besoin, à la maison et dans notre travail ?

La plainte morne plaine

Se plaindre. C'est ce que nous faisons (c'est ce que je fais) lorsque nous trouvons que quelque chose cloche, mais que nous ne savons pas agir sur ce quelque chose. Après mon passage chez Chine (qui, après ce déjeuner, est devenue ma coach et ma formatrice pendant plusieurs années), j'ai cru que plus jamais je ne me plaindrais, que je savais ne plus me plaindre. Les psychologues et psychanalystes de mon entourage, et même mes copines, me mettent souvent le nez dans mon, hum ! Caca. Malgré mes illusions, je trouve cela très dur d'arrêter de me plaindre.

Pourquoi est-ce difficile d'arrêter de se plaindre ?

Je me plains parce que quelque chose me dérange, mais je ne sais pas quoi faire pour le changer. Je me plains parce que j'ai peur de ce qui se passerait si je prenais le taureau par les cornes pour le changer. Je me plains parce que la première marche que je me suis fixée pour changer est trop haute. L'autre problème de la plainte, c'est que, comme je brasse de l'air avec mes mots, cela me donne l'impression d'agir alors qu'en fait… rien ne change. Mes récriminations me dédouanent de l'action de faire changer les équilibres.

Lorsque je me plains, je choisis la sécurité. Je ne prends pas trop de risque. Encore moins moi, dont la spécialité, quand je me plains, est de me plaindre auprès des personnes non concernées par le schmilblick (comme ça, je n'ai vraiment aucune chance que quelque chose bouge).

Pourquoi c'est important d'arrêter de se plaindre ?

La plainte est un filet d'énergie qui s'écoule de moi et qui vient aussi saper l'énergie de celui ou celle qui m'écoute. Elle n'a pas l'intention d'agir, ce sont juste des mots, des récriminations qui ne changent rien et prévoient de ne rien changer. Le problème de la plainte, c'est ce filet d'énergie qui s'écoule et qui contamine. Je dépense de l'énergie à râler à propos d'un phénomène contre lequel je n'ai pas l'intention de faire quoi que ce soit.

Je me plains d'avoir mal au dos. Je me plains d'être trop grosse. Je me plains d'être envahie par mon frère. Je me plains de la culture de ma belle-famille. Pour autant, je ne change pas mes comportements !

« Si tu fais toujours ce que tu as l'habitude de faire, tu récolteras ce que tu as toujours récolté. », aurait dit Albert Einstein.

Par quoi remplacer la plainte ?

Je suis très admirative du principe de Tina Roth Eisenberg, qui dit : « Lorsque je suis tentée de me plaindre, soit je me tais, soit j'agis. » C'est ainsi que, jeune maman, elle a créé Tattly, il y a huit ans, une entreprise de tatouages éphémères, dessinés par des artistes (en réaction aux affreux tatouages de mauvaise qualité que sa fille ramenait des goûters d'anniversaire). C'est ainsi que, divorcée depuis deux ans, elle fait le constat qu'elle peine à rencontrer un nouveau partenaire par le biais des applications de rencontre (comment on fait confiance ?). Elle a alors l'idée de rencontrer son nouvel amour par le biais de ses amis (la cote de confiance, le « il ou elle est bien qui il dit qu'il est », est immédiate), et c'est ainsi qu'elle demande à ses amis de lui donner le nom d'autres amis extraordinaires, qui sont célibataires, qui viennent ensuite grossir sa liste secrète de célibataires géniaux. Et elle les invite à des événements qu'elle organise avec d'autres amis célibataires, qui ne sont pas explicitement réservés à des célibataires, mais où ils sont invités.

Tina a le génie de transformer chaque problème qu'elle rencontre, parfois anecdotique (oh là là ! Quelle merde ces tatouages industriels !) et parfois épineux (je ne suis pas faite pour vivre seule, et les applications de rencontre ne me conviennent pas), en projet qui ajoute de la joie au monde, et crée du lien entre les gens.

Agir. Passer à l'action. Créer (un projet, une entreprise). Se jeter un défi, une action évidente, un but à atteindre. C'est l'une des solutions à la plainte, et c'est celle que nous allons approfondir dans ce livre. Il y a d'autres possibilités – l'idée, c'est d'avancer et de stopper l'écoulement de l'énergie.

1. L'écriture. Si j'ai envie de me plaindre, je ne suis pas obligée d'infliger ma plainte à qui que ce soit. Personne n'aime écouter quelqu'un râler (ou si c'est le cas, appelez-moi !). En revanche, il existe un procédé que j'utilise pour me plaindre à volonté sans déranger quiconque. Ce procédé, ce sont les pages du matin : trois pages d'écriture manuscrite que j'écris tous les matins au réveil, sans réfléchir, sans me relire, que je ne montre à personne. C'est là où éventuellement je peux écrire mes plaintes. Et je vous assure que si je me plains d'un truc jour après jour, il y a de fortes chances que je me soûle moi-même et que je finisse par décider d'agir !
2. La boussole. Me dire que ma plainte est une boussole : elle me révèle ce que je veux davantage, ce que je veux moins ou plus du tout dans ma vie. Bref, elle me renseigne sur mon désir, elle pointe du doigt ce qu'il y a à redresser. Et les pages du matin (ou la méditation, le running ou quel que soit votre rituel pour vous reconnecter à vous-même) sont une aide précieuse pour faire émerger une solution, à votre rythme.
3. Le rythme. Me donner le projet d'agir sur le sujet de ma plainte, quand je serai prête. « I'll be ready when I'll be ready » (Je serai prête quand je serai prête), dit la gouroute canadienne Danielle LaPorte. Agir lorsque l'on est prêt permet de faire des miracles.
4. La gratitude. En revanche, à présent que j'ai transformé la plainte en désir, je ne suis plus obligée de récriminer. Je peux même remercier cette plainte de m'avoir avertie de ce qui cloche, de ce que je désire. Car vous l'avez peut-être remarqué, ce n'est pas si facile de savoir ce que l'on désire.

5. La demande. La plainte peut-être aussi un appel à formuler une demande explicite (plutôt que de chouiner devant quelqu'un qui ne peut changer quoi que ce soit, je pourrais demander directement à la personne concernée d'adapter son comportement) ou à poser mes limites clairement. Pour cela, je dois d'abord me demander tranquillement, pour moi-même, ce qui me convient, ou pas, ce qui me semble juste, ou pas.
6. La responsabilité. Enfin, je dois me rappeler que je porte une part de responsabilité dans chacune des situations dont je me plains. Soit je la laisse advenir, en n'agissant pas pour la modifier. Soit je l'encourage, en créant le terrain favorable pour qu'elle se développe. Soit je suis activement part de cette situation, en l'envenimant. Bref, j'ai et je fais ma part.

Donc, mon principal travail face à une plainte est de me demander : comment je fais ma part pour transformer cette situation ? Quelle est la part que je pourrais faire ? Quelle est la part que je suis capable d'accomplir aujourd'hui ?

*

Voilà ! Je t'ai pas trop bassiné avec mes plaintes ? Et toi ? Quels sont tes sujets de plainte en ce moment ? Quel désir te révèle chacune ? Quelle est ta part de responsabilité dans chacune de ces situations dont tu te plains ? Quelle toute petite action pourrais-tu entreprendre pour aller davantage dans le sens de ton désir ?

. Prendre ses responsalitités
Situation
OK... J'y suis aussi pour quelque chose.
. Formuler une demande
S'il te plaît
. Écrire la plainte
!
. Préparer l'action à son rythme
. Interpréter ma plainte comme un désir
oui
non
pourquoi pas ?

Ce que je fais pour m'allumer, ce que je fais pour m'éteindre

La thérapeute spécialisée dans les couples, Esther Perel, recommande à ceux qui désirent accentuer leur vitalité, de faire deux listes. Je m'y suis mise immédiatement, et je me suis aperçue que ces deux listes me donnaient aussi de très belles pistes pour changer. C'est pourquoi je vous les partage : l'intitulé des listes, et mes trouvailles.

Choses que je fais, qui m'allument / Choses que je fais qui m'éteignent.

On peut difficilement faire plus simple, pas vrai ? C'est l'art de poser de bonnes questions et de motiver son audience à y répondre. C'est aussi l'art de se réapproprier la responsabilité de ce qui m'allume et de ce qui m'éteint. Comme j'en suis responsable, j'ai le levier pour que ça change !

Choses que je fais, qui m'allument : faire du vélo à mon rythme, nager en eaux vives, porter une jupe ou une robe assez courte (mais pas trop !), écrire sur un sujet qui m'intéresse, dessiner avec du bon matériel et éventuellement aquareller, broder ou réparer des affaires, choisir mes bijoux, mes foulards, le maquillage pour la journée, étendre le linge sur un fil à l'extérieur, cuisiner pour des personnes apprécient ma cuisine, jouer au tarot en famille, m'occuper de mon balcon ou dans mon petit jardin, lire un bon livre, être au contact de la nature sauvage.

Globalement, je remarque que les choses que j'aime faire sont aussi conditionnées au fait de pouvoir les faire à ma manière, à mon rythme, et pas trop longtemps.

Choses que je fais, qui m'éteignent : boire plus d'un verre d'alcool, mes compulsions shopping, voir les placards archi bondés de la maison, passer un temps indéterminé et incontrôlé sur mon téléphone portable.

Globalement, je m'éteins avec mes comportements compulsifs !

Bilan des courses, je vais privilégier les activités en extérieur. Et surtout voir comment je mets une limite au shopping, aux écrans, à l'alcool. L'urgence bien sûr, c'est de laisser décanter.

Par où je commence ?

Wherever you are is the entry point.

« La porte d'entrée, c'est là où tu es. »

Rûmî

Je commence ce chapitre en t'emmenant de nouveau en Allemagne. Chausse tes Birkenstock cher lecteur, chevauche avec moi le renard à longue queue, voilà l'un des plus beaux contes de Grimm. Rien que son titre l'est. Les titres sont des cartons d'invitation, des seuils qui nous donnent envie d'entrer, ou pas, à l'intérieur de l'univers que nous ouvre l'auteur.

Les Trois Plumes

Nous sommes à l'intérieur d'un royaume, et un vieux roi a trois fils. Pas pratique pour savoir qui va lui succéder. Afin de les départager, il les emmène tous les trois à l'extérieur du parc du château, devant la grande grille en fer peinte en bleu gris. Là, il déclare : « Sera roi de mon royaume celui de vous trois qui me ramènera le plus beau tapis. » Il sort de sa poche trois plumes, en tend une à chacun de ses fistons et leur dit : « Que chacun de vous lance sa plume en l'air et s'en aille du côté où elle tombe. » Les deux plumes des frères aînés tombent l'une en direction de l'ouest, l'autre en direction de l'est. Quant à la plume du plus jeune, qu'on appelle le Simplet, elle tournicote un moment dans les airs, avant de retomber juste devant ses pieds. Les deux frères aînés ricanent devant l'air déconfit de leur frère, puis partent tranquillement qui vers l'ouest, qui vers l'est.

Le Simplet regarde tristement ses pieds, se disant : « C'est bien ma veine ! » lorsqu'il aperçoit, là, justement, à ses pieds, une petite trappe, à peine recouverte par la terre du chemin. Il tire sur la poignée, la trappe se soulève et laisse apparaître un étroit escalier en béton. Le Simplet bloque l'entrée de la trappe avec un petit caillou, pour être sûr de pouvoir ressortir, puis descend l'escalier. Il arrive devant une porte, frappe, et là, lui ouvre la reine des grenouilles. Elle lui décoche son plus beau sourire, et lui chantonne : « Grenouille, grenouillette / Jolie petite reinette / Bienvenue Étranger / Dis-moi quel est ton souhait ». Le Simplet n'en est plus à une surprise près. Il lui dit, sans trop y croire, qu'il est à la recherche du plus beau tapis. « Un tapis, un tapis, le plus beau des tapis, attends un peu », la reine des grenouilles se retourne, attrape une cassette sur l'étagère, la lui tend : « Ouvre-la ! » Le Simplet ouvre la cassette et, à sa grande stupéfaction, il en sort le tapis le plus fin, le plus beau, le plus raffiné qu'il ait jamais contemplé. Il remercie fort la reine des grenouilles et remonte en hâte offrir son trésor à son père. Ses deux frères, eux, ne se sont pas foulés... Ils ont acheté aux éleveurs du coin l'un une peau de bête, l'autre un grossier tapis de laine. Aucun de leurs tapis ne soutient la comparaison avec celui ramené par leur frère. « En toute logique, dit le roi à ses trois fils, après examen des tapis, je devrais nommer le Simplet comme successeur » Évidemment, ses deux fils aînés protestent tant et tant, « Tu ne vas tout de même pas confier le royaume à ce débile ? », que le père cède et demande à ses fils de lui rapporter l'anneau, la bague la plus fine. Même topo : les trois plumes lancées en l'air, la trappe, la reine des grenouilles qui chante sa petite chanson et dégotte la plus jolie bague du monde pour le Simplet, même verdict du père, même comédie des deux frères, qui imposeront encore deux épreuves que leur petit frère remportera haut la main, avant que le royaume lui soit finalement attribué.

PAR OÙ JE COMMENCE ?

À moi seule tous les personnages

Savez-vous que dans les contes, nous sommes tous les personnages ? Le roi, c'est le principe directeur, la conscience, celui qui sent que le royaume a besoin de renouveau. Les deux frères aînés, ce sont le mental, la partie censurante du mental, la raison raisonnante, qui a peur du changement, qui dit : « Je suis rationnel, moi ». La reine des grenouilles représente la vie, qui veut le meilleur pour nous et a souvent un visage surprenant, et une proposition incongrue à nous faire. Enfin, le Simplet est la voix de notre cœur. Il n'a aucun préjugé, il embrasse la demande de son père de tout son cœur. Il se sent juste un peu bête quand la plume tombe à ses pieds, un peu dérouté quand la bonne fée lui apparaît sous les traits d'une grosse grenouille, mais malgré tout, il fait confiance et entre tout entier dans chacune des propositions qui lui sont faites.

« Un clown ne dit jamais non », affirme mon prof de clown Hervé Langlois. En cela, il veut dire que le clown prend toutes les propositions de son partenaire ou du public, tous les éléments de décor et est entièrement présent à ce qui est. Il en fait son jeu. S'il refuse, il n'y a plus de jeu.

Start where you are[8]

Alors moi, je commence où ? L'autre jour, c'était ma relation de couple qui ne me satisfaisait pas, et j'avais beau connaître cette phrase d'Albert Einstein, « La folie c'est de faire la même chose plusieurs fois et d'espérer des résultats différents. », je n'avais pas la première idée d'une action différente à mener.

Je lance ma plume… Elle retombe à mes pieds : le soir même, un événement familial, de la famille de mon homme, où je n'avais pas envie de me rendre… Mais je vais toujours aux événements où il y a toute la

8. « Commence là où tu es. »

famille de mon homme. C'est ce qui est attendu de moi. Mon comité des sages (deux psys, ma super-copine) me dit : « Cet événement, c'est l'occasion rêvée d'arrêter d'être un bon petit soldat. Si tu séchais la soirée où tu vas te rendre avec des pieds de plomb, et si tu faisais autre chose qui a plus de sens pour toi ? »

Start where you are. Ce n'est pas l'endroit le plus confortable. J'ai eu un mal de chien à dire : « Je ne viendrai pas. » Je me suis vue en danger de mort si j'arrêtais de faire ce que l'on attendait de moi. Ça paraîtra ridicule à beaucoup, mais ceux qui, dans leur enfance, ont reçu pour injonction première ce « fais plaisir » comprendront peut-être ce que je veux dire...

Commencer là où je suis, c'est aussi l'endroit le plus prégnant, le plus vivant, le plus juste. L'endroit où le travail a besoin de se faire.

La récompense a été grande. Je me suis sentie fière de moi et soulagée dès que j'ai annoncé ma décision de passer la soirée de mon côté. À la place, je me suis rendue à l'atelier d'écriture, où j'ai écrit comme jamais. Je voulais profiter à fond de ce moment « volé ». En agissant selon ma vérité, je me suis également sentie vue de nouveau par mon homme.

La plume du voisin nous semble toujours tomber dans des endroits plus glamours que le nôtre. Mais lorsque ma plume retombe bêtement à mes pieds, je ne peux avoir confiance que si je regarde attentivement. Si je décide d'empoigner ma situation à pleines mains, je vais trouver une petite trappe qui va me guider vers le plus fin tapis, le plus raffiné des anneaux, la plus belle des princesses – le grand accomplissement.

Et toi, cher lecteur, si tu lances la petite plume, où retombe-t-elle ?

Fais la liste de cinq situations poil à gratter, cinq situations qui te tracasseent et qu'aujourd'hui tu pourrais avoir envie de changer.

J'aimerais...
Je pourrais...

J'aimerais, je pourrais

Start where you are (j'en suis encore au chapitre précédent ? Non, non, cher lecteur, je ménage une habile transition…), ça veut dire aussi : « Je commence par ce qui est immédiat et pas trop dur pour moi. »

Une manière d'avancer tranquillement et de manière effective vers le changement consiste, pour moi, à avoir tout le temps sous la main le fameux carnet, un cahier de jour, sur lequel je note en priorité des phrases commençant par « j'aimerais » et « je pourrais ». Ce carnet a un tel pouvoir de transformation sans que je m'en rende compte, sans effort, que je l'ai appelé mon « carnet Dieu ». Un autre nom pourrait être la « tout doux liste ».

Sans effort : j'empoigne ce carnet quand j'ai un petit moment creux, un besoin de me ressourcer… Cela ne me prend jamais plus de cinq minutes d'écrire.

J'aimerais

Je note tout ce que j'aimerais voir se produire, sans ordre particulier, une ou deux choses à la fois, importantes ou infimes… et sans me préoccuper de savoir si la chose est crédible ou possible : j'aimerais aller à la plage cet après-midi. J'aimerais avoir un nouveau bébé. J'aimerais dessiner tous les jours. J'aimerais cet été me marrer et passer du temps joyeux avec mes aimés, avec mon aimé. J'aimerais que ce livre rende service à ses lecteurs. J'aimerais pouvoir offrir à chacune de mes filles un séjour dans un pays anglo-saxon. J'aimerais une maison de campagne pour nous quatre.

Ce sont les désirs de mon cœur exprimés sans pression, sans exigence de résultat (à bientôt 45 ans, il y a peu de chance pour que je tombe enceinte de nouveau !). Mais avoir cet espace pour dire, pour dire mes désirs, déjà enlève de la pression. Le désir est dit, reconnu, c'est un premier pas. Cet espace me permet de me révéler à moi-même ce que je désire. C'est une demande faite à l'univers, et je te rappelle qu'une demande n'est pas une exigence (pas plus qu'une lettre au Père Noël n'est une liste de courses).

Je pourrais

Qu'est-ce que je pourrais faire (pas *devrais*, non, *pourrais*) pour améliorer ma situation et celle de mon entourage ? Là encore, je note les idées plutôt faciles, et sans me mettre la pression. Je pourrais le faire, et pourrais ne pas le faire. Mes « je pourrais » ont parfois un rapport avec mes « j'aimerais », mais pas toujours – cela n'a pas d'importance.

Le fait d'écrire ces possibles sur un petit carnet qui n'a pas vocation à être relu par qui que ce soit d'autre que moi, est une manière de l'amener à ma conscience. J'ai aussi la possibilité de le relire si je le désire. C'est un premier pas vers le courage de le faire.

L'univers se met au boulot

Ce qu'il y a de merveilleux avec ce carnet, c'est quand je le relis... Toutes les choses que j'ai faites sans m'en apercevoir, et qui se sont accomplies sans que je m'en aperçoive. L'univers à l'œuvre en moi et à l'extérieur de moi a compris l'allusion et a fait le job. Il y a aussi plein de « j'aimerais » qui ne se sont pas réalisés. Mon troisième enfant, ça fait douze ans que je l'attends ! Certains rêves, je les ai bercés puis construits pendant des années. Et je sais aussi que certains rêves n'ont pas vocation à être réalisés. Et ce n'est pas si grave...

À toi de jouer ! Note vingt choses que tu aimerais voir se produire. Puis, note cinq choses que tu pourrais faire (en rapport ou sans rapport avec tes « j'aimerais »).

Garde cette liste dans un lieu où tu peux la relire souvent. Et regarde ce qui se produit. Ce qui change dans ta vie.

La grande roue du PDCA :

Planifier, Développer, Contrôler, Ajuster

Ah, nous y voilà ! Sautons à pieds joints dans le PDCA, cette méthode américaine relevée au wasabi et à l'huile de voiture (je vous la vends bien là ?). Mettons-là au goût de chez nous, faisons-la entrer dans nos maisons et nos vies quotidiennes – vous m'en donnerez des nouvelles.

P

PLANIFIER

J'identifie les problèmes

Un pas après l'autre. Tu te rappelles la méthode PDCA dont je t'ai parlé en introduction ? Je planifie, je développe, je contrôle et j'ajuste dans mes nouvelles actions. Depuis les années cinquante, une étape préalable a été ajoutée : O pour j'observe ce qui ne va pas, et la méthode est devenue OPDCA. C'est logique, mais je trouve ça laid, donc on va réunir, comme les Japonais et les Américains le faisaient auparavant, l'étape d'observation avec l'étape de planification. Observer ce qui cloche : c'est ce que l'on va faire maintenant.

Là, pour que tu saches où on en est, nous commençons l'étape P : j'observe ce qui ne vas pas (en moi, dans ma vie, directement autour de moi), et je planifie les actions correctives. Ça va nous prendre plusieurs chapitres, parce qu'il y en a des choses à dire sur le sujet de l'observation et de la planification !

Sois gentille !

Comment prendre la mesure de ce qui cloche ? Il y a ce que je fais mal, et il y a ce qui me rend insatisfaite. Laissons de côté (pour le moment) les tracas de notre conscience. Comme celui que j'ai vécu hier matin : je me suis réveillée avec l'injonction criée très fort dans mes oreilles par je ne sais qui : « sois gentille ! » Tout ça pendant un temps d'été que je passe avec ma maman, avec qui je peine à être une aussi bonne personne que je voudrais. Mais comme je le disais, nous reviendrons plus tard sur les tracas de la conscience, parce que mon chapitre ne sera jamais terminé si je digresse.

Ce qui dans ma vie ne me convient pas, comment je fais le point là-dessus ? Hé bien ! Il doit exister plusieurs méthodes, mais voici celle que j'utilise et que je propose à des personnes qui ne sont pas opposées à tenter le coup. Cette méthode me vient de Julia Cameron, écrivaine, cinéaste et professeure américaine, qui elle-même la tient peut-être de quelqu'un d'autre, ça, je n'en sais rien (clin d'œil à la notion d'appartenance, oui elle est partout !). Elle s'appelle « le gâteau de la vie » (mais si tu n'es pas trop « sucré », si tu préfères le fromage, tu peux l'appeler « le camembert de la vie », ou tout autre fromage qui a tes faveurs, mais il faut qu'il soit rond).

J'aime cet exercice car il permet de clarifier les aspects de ma vie qui sont importants pour moi et à quel point je suis satisfaite dans chacun de ces aspects. Cet exercice apporte de la clarté à ma vie. Ensuite, comme tu vas le voir, il me permet d'agir par petites touches concrètes et atteignables pour améliorer les choses.

Ta vie comme un gâteau

Bon, alors, comment faire ?

Trace sur ton cahier un cercle rond, le fameux gâteau, et découpe-le en six parts qui se croisent au centre (comme lorsque tu coupes un gâteau en parts triangulaires, que tu essaies de rendre à peu près égales).

Puis réfléchis à six domaines qui composent ta vie, six domaines principaux. Je vais te donner les miens : tu peux t'en inspirer s'ils t'inspirent, mais l'idée, c'est de choisir six domaines qui te parlent à toi.

Donc, voici les six domaines importants de ma vie :

- la vitalité, ma relation à mes sens et à la nature ;
- l'amour et la romance, la qualité de mes relations intimes ;
- l'aventure et le jeu ;
- la créativité et la spiritualité ;

- la carrière et l'argent ;
- l'engagement dans la cité et les communautés, le sentiment d'utilité sociale.

Voilà à peu près où j'en suis aujourd'hui. Toi, décide quels sont tes domaines importants. Tu as le droit de copier un peu, beaucoup, à la folie, pas du tout.

Ensuite, tu vas devoir évaluer ton degré de satisfaction de 1 à 10, oui, comme pour une enquête clients où tu serais à la fois l'enquêteur et le client :

- 10 : tu es très satisfait ;
- 1 : tu n'es pas satisfait du tout.

Une fois que tu as évalué et dessiné la petite marque sur les axes de tes six domaines, tu peux relier les petites marques entre elles. Plus le dessin gravite autour du centre du cercle, et moins ta vie te satisfait. Plus le dessin gravite près de la paroi du cercle, et plus ta vie te satisfait.

Quand tu as mis comme note de satisfaction 7 ou moins à un domaine de ta vie, alors tu vas te demander : quelle toute petite chose pourrais-je faire pour améliorer mon degré de satisfaction dans ce domaine. Hé oui, exactement comme un directeur d'hôtel très commercial qui veut se faire pardonner de son client mécontent de la qualité de la literie.

Note tout sur ton cahier.

La petite action, tu peux la mettre au conditionnel : je pourrais faire telle ou telle chose. Ta partie qui sait tout et l'univers ont reçu le message. Très vite, tes marques vont s'éloigner du centre.

TA VIE COMME UN GÂTEAU

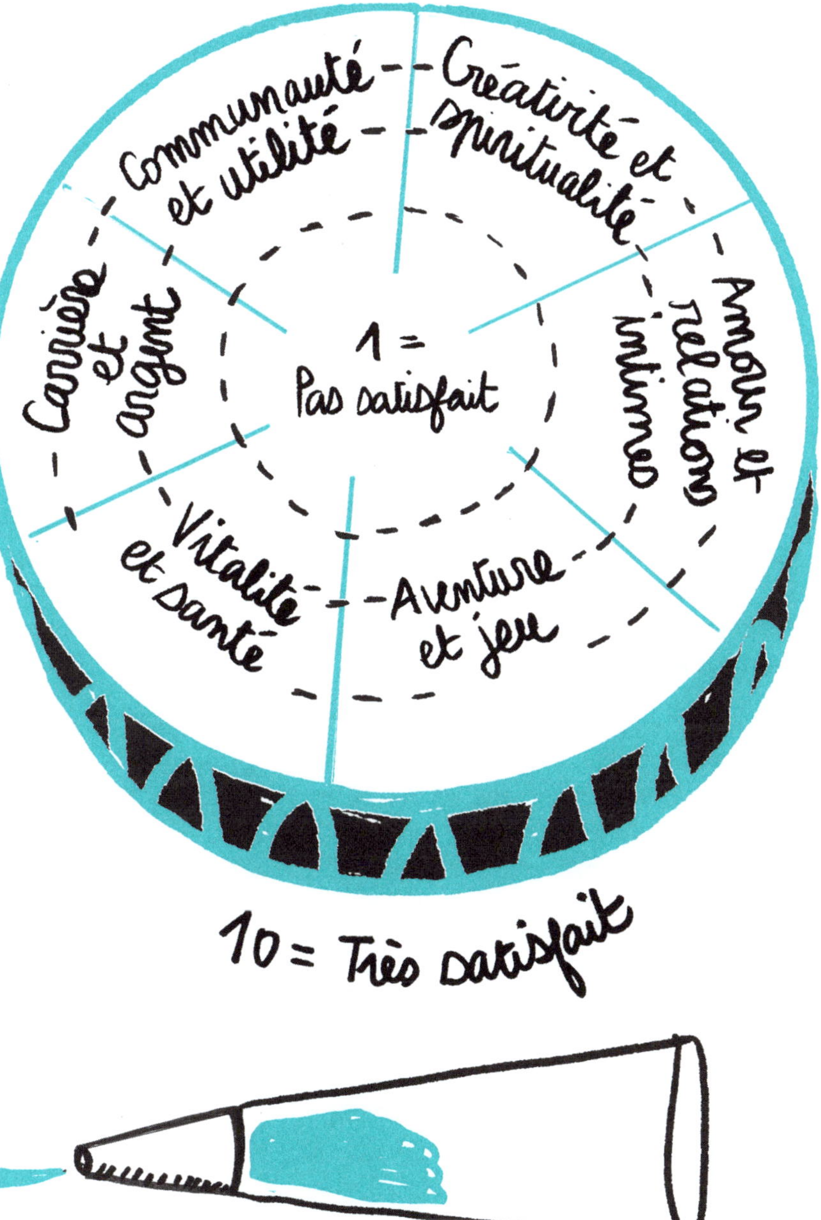

P

PLANIFIER

Je prends de la hauteur

Imagine que tu es un aigle, un aigle qui surplombe la scène – la situation – et qui, au lieu de se ruer sur la marmotte, reste un moment à observer ce qui se passe.

C'est intéressant (je trouve) de changer d'attitude et d'altitude, de retrouver du jeu et de la liberté, de se rappeler que « je ne suis pas obligée de tenir toujours le même rôle. Je peux changer de rôle. Je peux faire évoluer mon attitude dans ce rôle que je tiens ».

La position méta et les réunions déléguées

La position de l'aigle est appelée par les formateurs ou les coachs la « position méta ». Méta provient du grec μ (*meta*, après, au-delà de, avec). Il englobe la réflexion, le changement, la succession, le fait d'aller au-delà, à côté de, entre ou avec. Selon le contexte, ce préfixe équivaut au sens de profond, haut ou grand.

Cette position, je l'utilise dans les formations que j'anime. Les participants aux formations sont nombreux à souffrir du nombre de réunions auxquelles ils sont conviés. Et des débordements horaires. Et aussi de leur forme redondante. Alors, nous réfléchissons ensemble à comment rendre les réunions plus vivantes, plus variées (parce qu'il en faut quand même !).

Une manière de les animer que j'aime bien a été inventée par le coach Alain Cardon. Il la propose aux comités de direction pour renforcer la coopération entre les membres. Il l'a appelée les « réunions déléguées ». Des rôles sont définis pour le bon fonctionnement de la réunion ; à chaque réunion, les participants changent de rôle, sauf celui qui prend la décision et les participants qui donnent les informations ou posent les questions qu'ils ont à poser. Mais, en dehors de ces deux rôles invariants, les autres rôles fonctionnels de la réunion peuvent tourner : l'animateur, celui qui passe la parole ; le gardien du temps, celui qui indique que le temps passe ; le scribe, celui qui prend des notes et rédige le compte rendu ; le garant des objectifs de la réunion, qui coche les sujets prévus de l'ordre du jour à chaque fois qu'ils ont été traités ; le logisticien, qui prépare le café et tous les aspects matériels de la salle ; et le méta, qui se place en observateur du processus : pendant la réunion, il regarde ce qui se passe et, à la fin de la réunion, il fait un retour précis et personnalisé sur la participation de chacun et sur la manière dont a fonctionné le groupe. Il peut aussi donner des pistes d'amélioration à chacun, et au groupe, pour que la réunion suivante soit plus efficace.

Cette méthode d'animation tournante des réunions rend chacun actif, permet de ne pas s'encroûter dans un rôle, libère aussi de l'énergie pour l'animateur qui en général s'occupait de tout. Et les rôles tournants permettent aux membres de la réunion d'entrer en empathie les uns avec les autres : « Ah ! Cette semaine, c'est toi qui rédiges le compte rendu ? Bon courage, moi ça m'a pris trois heures la semaine dernière ! » ; « J'ai galéré pour allumer le rétroprojecteur, attends, je te montre... » Il est d'ailleurs utilisé principalement pour cela.

Au-delà de l'aide que pourrait t'apporter cette méthode dans un contexte pro ou associatif, l'idée principale est qu'il faut parfois, pour y voir plus clair, survoler sa vie comme un aigle. Notamment, survoler les moments où l'on sent qu'il y a quelque chose qui cloche. Tu es à la fois toi, et toi qui as pris de la hauteur. Un toi qui embrasses toute la situation de son œil d'aigle, et l'évalues. À ce stade, on n'agit pas, on ne diagnostique pas, tout ce qu'il y a à faire, c'est observer la situation qui nous chiffonne.

L'observation des faits
La formulation de la demande
Mes besoins
Le décryptage des émotions
L'analyse des besoins
PRENDRE DE LA HAUTEUR

Que la force me soit donnée

Il y a quand même cette phrase de Marc Aurèle : « Que la force me soit donnée de supporter ce qui ne peut être changé et le courage de changer ce qui peut l'être, mais aussi la sagesse de distinguer l'un de l'autre. » Il n'est pas de mon ressort de changer tout ce qui ne va pas autour de moi. Une partie de mon, de notre, travail d'aigle est de se poser cette question : cela peut-il être changé ? Oui ? Non ? Ai-je une prise sur cette situation ? Quelle est ma responsabilité dans cette situation ?

Pendant que tu fais l'aigle, celui qui regarde de haut, tu pourrais aussi entrer en communication non violente avec toi-même. Cette manière de communiquer avec les autres et avec soi a été modélisée par l'Américain Marshall Rosenberg dans les années quatre-vingt ; elle est centrée sur l'empathie. Je suis avec moi, je suis avec l'autre. Je ne juge ni moi ni l'autre. C'est une approche en quatre parties (simples à expliquer et à comprendre, moins faciles à appliquer). On peut tourner l'approche vers soi, ou vers l'autre, alterner soi et l'autre. Dans notre cas présent, je te propose de t'occuper de ce qui se passe pour toi.

- Première partie : j'observe ce qui se passe. Les faits. J'essaie de les poser tranquillement, sans jugement. Par exemple, mon frère et ma belle-sœur nous rejoignent tout à l'heure pour passer six jours de vacances avec nous.

- Deuxième partie. Je me demande comment je me sens face à cette situation. Les émotions qui m'animent. Je me sens fébrile, c'est-à-dire, pour moi, contente mais inquiète.

- Troisième partie. Je me demande de quoi j'ai besoin, à quel besoin (frustré, en l'occurrence) correspond mon sentiment d'inquiétude. J'ai besoin d'être rassurée sur ma capacité à poser mes limites tranquillement et harmonieusement. J'ai besoin de me relier à la joie que j'ai de passer du temps avec mon frère et ma belle-sœur, d'anticiper aussi leur intelligence, la vitalité qu'ils apportent quand ils arrivent quelque part.

J'ai observé ce qui se passe pour moi : la situation que je constate, les sentiments qu'elle provoque en moi, les besoins frustrés par cette situation. J'ai observé cela sans chercher à agir ni à changer quoi que ce soit. Et, déjà, cela m'apaise. Mon attitude change : de bélier qui voudrait entrer tête la première dans le conflit, je prends de la hauteur et je me donne de l'empathie. Je regarde sans les juger (super dur, tu vas voir si tu essaies) la situation et mes sentiments et mes besoins par rapport à cette situation.

La quatrième partie de l'approche de la communication non violente serait de me demander ce que je peux faire. Que pourrais-je faire pour combler mon besoin de réassurance et de connexion à la partie joyeuse des vacances en famille ?

*

Et toi, cher lecteur ? Si tu faisais la liste de trois situations de ta vie telle qu'elle est constituée aujourd'hui, qui ne te conviennent pas, ou qui provoquent chez toi un sentiment inconfortable à éprouver. Ou encore, des moments où tu te sens coincé, impuissant… Fais la liste de 3 situations dans lesquelles tu gagnerais à te positionner en aigle et à prendre de la hauteur.

P

PLANIFIER

J'analyse, seule et avec mon entourage

« Il y a toujours plus d'idées dans deux têtes que dans une. »

Didier Hauvette

Une technique a changé ma vie de maman : la discussion à froid. C'est une technique que j'ai apprise avec une spécialiste de la petite enfance, Anne Peymirat. Consultante à Londres, elle souffrait de relations difficiles avec l'un de ses enfants et a découvert une méthode d'éducation appelée « Calmer Parenting ». Cette méthode a révolutionné sa relation avec ses enfants et l'a emballée au point qu'elle s'est formée pour devenir consultante dans cette méthode. Parlez-moi de changement progressif !

Anne est venue animer un atelier à HEC au féminin, c'est là où nous nous sommes rencontrées. Par la suite, je l'ai accompagnée pour écrire son premier livre[9] où elle donne ses principes géniaux dans leur simplicité et leur pertinence pour aider les parents à investir leur temps dans de belles relations avec leurs enfants plutôt que de les punir ou de les engueuler.

Son principe est assez simple : avoir de bonnes relations avec ses enfants prend autant de temps qu'en avoir des mauvaises, mais les investissements ne sont pas au même endroit (c'est un peu comme la médecine préventive, cela prend du temps de bien s'alimenter, de

9. Anne Peymirat, *Je ne crie plus, je ne répète plus, je ne râle plus... je gère !*, éditions First, 2014. Deux autres livres ont suivi ce premier.

bien dormir, de faire du sport, mais si tu tombes malade, ça prend aussi beaucoup de temps de se soigner, d'aller de médecin en médecin, et c'est moins agréable).

Au sein de la méthode qu'elle transmet, nombre d'outils sont révolutionnaires (et d'une grande simplicité, mais il fallait y penser !). Celui qui m'intéresse aujourd'hui pour notre cheminement dans le kaizen, c'est la discussion à froid.

Hautement inflammable

Vous avez remarqué que certaines discussions ou situations, avec les enfants, mais pas seulement, sont explosives. Par exemple, ce que vivent de nombreux parents le matin : au moment de se préparer pour aller à l'école et au bureau, on dispose d'un temps limité et c'est souvent là qu'il y a des crises : « Je ne veux pas mettre ces bottes » ; « Je veux mettre ma robe » ; « Je ne veux pas manger des céréales », etc. Ou bien nous, dans la maison, à deux adultes, on est souvent en tension maximale au moment de la déclaration d'impôts. On s'y prend tard, on cherche des papiers, chacun découvre des infos qu'il ignorait...

Les exemples que je vous donne sont du domaine de la crise, crise récurrente, certes. Il y existe d'autres situations problématiques, du style les conversations qui manquent d'intérêt pendant nos dîners en famille.

Ces problèmes, si on veut les régler pendant la crise, ou pendant qu'ils surviennent, hé bien ! On risque souvent de ne pas y arriver. Tout le monde est stressé, ou de mauvais poil, ou à la bourre... Bref, les parties en présence n'ont ni le temps ni le calme pour réfléchir à « comment on fait pour que ça se passe autrement ? ».

DISCUSSION À FROID : MODE D'EMPLOI

Discussion à froid, mode d'emploi

Mener une discussion à froid, c'est parler du problème avec ses protagonistes quand il n'est pas en train de se produire et pas en vue d'accuser qui que ce soit, mais en vue de comprendre ce qui se passe et de tenter d'améliorer les choses. Cela demande un certain courage de s'atteler à ce genre de conversations, car quand tout est calme, quand l'ambiance est bonne, je n'ai pas toujours envie de prendre le risque de la gâcher en abordant les sujets qui fâchent. Et c'est (cela peut s'avérer) payant. De mettre des mots sur la situation. De poser des questions. De se mettre, peut-être, en mode communication non violente, cette fois centrée tour à tour sur l'autre et sur moi. « J'ai remarqué que le soir, au dîner, nous avions souvent du mal à avoir des conversations intéressantes, et à entrer en lien les uns avec les autres. Cela me rend un peu triste. J'ai besoin de plus de plaisir et de stimulation dans nos relations familiales ! J'aurais aimé savoir, comment ça se passe pour vous ? »

Donc, peut-être pas forcément avoir cette conversation au cours d'un dîner, mais dans la voiture, ou quand je prends un verre avec mon mari…

Soulever un problème commun dans un contexte émotionnel tranquille, où chacun se sent à peu près en sécurité, c'est déjà un bon climat pour le résoudre.

L'aide d'un ami, d'un proche ou de nos amours peut également faire merveille sur nos problèmes « juste à nous ».

J'adore ce conseil : *don't worry alone*. Ne reste pas inquiet dans ton coin. Sortir mes problèmes de ma tête et aller en parler à quelqu'un (qui ne va pas faire monter la mayonnaise) soit une personne qui a une bonne écoute, soit quelqu'un qui est un spécialiste. Sortir mes problèmes de ma tête et aller voir quelqu'un qui a du recul, et de l'empathie, et ne va pas me traiter de « grosse bête ». Sortir mes problèmes de ma tête et en parler à quelqu'un qui verra ce que je ne vois pas. Bref, quand on a du mal à mettre le doigt sur une solution, en parler à un tiers de confiance est presque toujours une bonne idée !

*

Et toi, cher lecteur ! Fais la liste de cinq personnes auprès desquelles tu aimes, tu peux t'épancher, demander un conseil ou juste une écoute attentive lorsque quelque chose ne va pas.

P
PLANIFIER

Je crée un plan d'action

Comment créer un plan d'action ? Comment se fixer de bons objectifs ? Je dois te dire que même s'il m'arrive d'avoir envie et besoin d'atteindre des objectifs, de faire ou de changer des choses dans ma vie, mon expérience des objectifs n'a pas toujours été concluante. Même quand je les atteins, quand je les ai atteints, le bonheur n'a pas systématiquement été au rendez-vous, loin de là.

Me sentir seule, quand j'ai intégré HEC, et vide par les études qui nous étaient proposées.

Me sentir prisonnière et seule (encore), paradoxalement, quand je me suis mariée et ai attendu mon premier enfant.

Me sentir très étrangère, transportée à l'autre bout du monde (c'était l'idée, mais ça ne m'a pas autant plu que j'avais imaginé) quand je suis partie habiter dix mois au Chili.

Rassure-toi, j'ai fini par m'épanouir à HEC, aimer mon rôle de mère et d'épouse, passer au Chili l'une des années les plus riches de ma vie, mais l'acclimatation n'a pas été immédiate.

Les cimetières sont remplis de personnes dont les vœux ont été exaucés

Je me suis longtemps sentie très triste et déçue d'éprouver cette décompensation lorsque j'atteignais les objectifs les plus chers à mon cœur. Et coupable : « Tu as eu ce que tu voulais, et tu n'es pas contente ? » Et puis, voilà ! J'apprends à accepter de sentir ce que je ressens, même si ce ne sont pas des sentiments positifs ni attendus. Néanmoins, ces réactions vives de « décompensation » à l'atteinte de mes objectifs m'ont conduite à revoir la notion d'objectifs. J'ai été accompagnée en cela plus particulièrement par le travail de Danielle LaPorte. Je t'en ai déjà parlé, de ma gouroute canadienne ? Elle aussi a fait le constat qu'atteindre ses objectifs ne la rendait pas toujours heureuse. Tout ce travail pour éprouver en bout de course ce sentiment de tristesse ou de solitude… À quoi ça sert de travailler dur pour atteindre ses objectifs si c'est pour se sentir misérable au lieu de fier, fringant et plus heureux ?

Partant du principe que notre but, quand nous nous fixons des objectifs, est d'éprouver des sentiments positifs, Danielle LaPorte a décidé d'inverser la vapeur : comment je veux me sentir ? Puis, qu'est-ce que je peux faire pour me sentir mieux ? Et enfin, caler des actions (et créer un environnement relationnel, spatial, temporel…) qui me permettent de me sentir comme je veux me sentir.[10] L'action devient un moyen, et non plus une fin, pour se sentir comme on le désire. Les sentiments principaux que vous voulez ressentir (les *core desired feelings*) sont l'une des belles trouvailles de Danielle LaPorte. Que vous cherchiez ou non les vôtres, vous voyez le principe : prioriser comment je veux me sentir sur l'objectif « en dur ».

Planifier des sessions de planification

Ma manière à moi de planifier, la voici (je l'ai adaptée en grande partie des propositions de Danielle LaPorte). Je me suis aperçue que ma vie était beaucoup plus intéressante, heureuse, et moi conforme à l'humaine que je désire être (du moins, je m'en rapproche) lorsque je tiens le gouvernail du temps ; lorsque je planifie régulièrement ce que je désire vivre, accomplir, et la manière dont je veux le faire.

10. Si tu désires approfondir le travail de Danielle Laporte, tu trouveras une mine d'articles sur son site daniellelaporte.com.

Je m'y prends à plusieurs fois, plusieurs fois par an, et même pas mal de fois. Chaque début d'année, chaque début de mois, chaque début de semaine, et parfois à la fin d'une journée et au début de la semaine.

C'est un investissement (en temps, en énergie), et voilà les avantages immenses que j'y trouve :

- **clarté** : savoir où j'en suis ; voir ce qui marche, ce qui ne marche pas dans ma vie ;
- **pilotage** : regarder en arrière, regarder en avant et avoir de la clarté sur les moments heureux, les moments difficiles ; regarder, reconnaître ce qui me rend heureuse et ce qui pose problème dans ma vie actuelle ;
- **détermination** : déterminer ce qui est important pour moi, en ce moment ;
- **remerciement** : analyser ce qui dans ma vie me procure de la gratitude ;
- **ajustement** : évaluer les comportements qui ne me conviennent pas, les miens, ceux des autres ; imaginer des voies de changement ;
- **rappel** : me remettre en tête mes objectifs pour les suivre plus facilement ;
- **priorisation** : mettre en premier ce qui est important pour moi ;
- **reconnaissance** : voir ce que j'ai appris dans la période écoulée ;
- **célébration** : fêter les pas que j'ai été capable de faire en direction de mes objectifs de l'année ;
- **révision** : le cas échéant revoir les objectifs qui ne me conviennent plus, et me réengager dans ceux qui me conviennent ;
- **mise au point** : réévaluation des buts, des actions à accomplir, pour la période à venir ;
- **évolution** : grandir en énergie.

Mais oui, tout ça !

LES AVANTAGES DE LA PLANNIFICATION
CÉLÉBRATION
RECONNAISSANCE
CLARTÉ
PRIORISATION
1.
2.
3.
4.
5.
DÉTERMINATION
GO
RAPPEL
BiP
BiP
BiP
PILOTAGE
REMERCIEMENTS
Merci
ÉNERGIE
ÉQUILIBRE

Je t'avoue qu'à part les cinq intentions que je pose pour l'année à venir lors du bilan annuel, je relis rarement ces bilans-perspectives et ne m'y fie pas comme à une feuille de route gravée dans le marbre. Ces bilans me servent à faire le point, à réfléchir, à regarder ce qui marche ou ne marche pas. Leur principale valeur à mes yeux est de les faire et de pouvoir les relire si j'ai besoin. J'aime aussi qu'ils servent de base d'échanges avec des amies de confiance, ou avec mon mari.

Planifier, regarder, prévoir, préparer, évaluer, poser des intentions, tout cela me donne de l'énergie ! Je vois ces sessions de planification comme le gouvernail de ma vie. Allez, t'es prêt ? Je te les présente !

J'écris tout sur mon cahier spécial bilans. Je te conseille, pour écrire tout ce que tu trouves, soit de prendre un cahier spécial bilan, soit d'utiliser ton cahier spécial kaizen.

Chaque année : le bilan annuel

Attention, c'est le plus long, mais c'est une véritable boussole.

Quand ?

Chaque année, entre le 15 décembre et le 10 janvier.

Avec qui ?

Je réfléchis d'abord seule, par écrit, puis je partage avec une ou deux amies, parfois avec mon mari (cela dépend de l'état de notre relation, et de la patience qu'il a pour l'introspection à ce moment-là).

Pendant combien de temps ?

La réflexion, une demi-heure, le partage, ça dépend du temps qu'on a ! Entre une heure trente et deux heures, sachant que comme nous sommes deux, chacune « passe ». Donc, nous divisons le créneau dont on dispose par deux et on garde quelques minutes au début, à la fin pour papoter.

Quels sont les objectifs spécifiques ?

Faire le point sur l'année écoulée, réfléchir sur l'année à venir, voir ce qui me rend heureuse, me fixer cinq grands objectifs (plutôt qualitatifs) pour l'année.

Quels sont les étapes ?

- Les faits saillants de l'année écoulée : en mode hop, hop, hop ! Pour ne pas avoir le temps de trop réfléchir, pour être spontanée. Je mets un minuteur sur trois minutes et j'écris la liste des grands moments et faits saillants de l'année. J'écris tout ce qui me passe par la tête, pendant trois minutes, sans réfléchir. Les faits saillants, ce sont surtout les moments et les événements positifs, mais pas seulement !
- Si j'ai une amie près de moi, je lui lis ma liste et lui demande de me signaler ce que j'ai pu oublier. Je lui demande aussi si elle voit un schéma se dessiner.
- Je regarde de mon côté les grandes lignes qui se dessinent à mes yeux. Qu'est-ce qui me donne de la joie de manière flagrante ?
- Je laisse reposer quelques minutes, quelques heures, une nuit. Puis je me demande quelles ont été les choses qui m'ont émue, aidée à évoluer, ou sont spécialement importantes pour moi au cours de l'année qui vient de s'écouler.
- Je me demande aussi ce que je désire laisser de l'année écoulée, sur le seuil de l'année à venir – ce dont je n'ai pas envie ou que je ne veux surtout pas emporter avec moi.
- Enfin, je détermine les cinq choses sur lesquelles je vais me concentrer au cours de la prochaine année. Cinq choses, cinq domaines, cinq priorités pour une année, j'ai souvent du mal à choisir, mais me concentrer sur cinq domaines (et pas davantage) est l'une des clés pour que ça marche. Ces cinq domaines deviennent mes cinq objectifs ou intentions. Je vais les suivre mois après mois.

Parallèlement, j'ai travaillé sur la manière dont je veux me sentir cette année : mes sentiments désirés (les *core desired feelings*). L'idée, avec les cinq intentions ou objectifs est qu'ils m'aident à ressentir ces fameux *core desired feelings*, les sentiments que je désire éprouver pendant cette année.

Chaque mois, je fais le point

Quand ?

Chaque mois, donc, disons onze fois par an, entre le 24 du mois M1 et le 9 du mois M.

Avec qui ?

Je réfléchis seule, par écrit dans un cahier dédié à ces bilans, puis je partage mes trouvailles avec mon amie.

Pendant combien de temps ?

La réflexion, une demi-heure à quarante-cinq minutes, le partage, ça dépend du temps qu'on a !

Quels sont les objectifs spécifiques ?

Mettre de la clarté dans ma vie, c'est-à-dire faire le point sur le mois écoulé, réfléchir sur le mois à venir, voir ce qui me rend heureuse, voir ce qui marche bien, voir ce qui pose problème ou qui est difficile. Décider ensuite comment je me réengage dans mes objectifs annuels, ou comment je les réajuste le cas échéant.

Quelles sont les questions que je me pose ?

- Quels sont mes objectifs de l'année : je reprends mes cinq axes d'action, mes cinq intentions, et les recopie tels que pour me faire un rappel. C'est une manière de me les remettre en mémoire et, bien sûr, de commencer à les réévaluer, de regarder les objectifs pour lesquels ce mois-ci j'ai travaillé, avancé, ou pas.

- Qu'est-ce qui marche vraiment bien ce mois-ci ? En ce moment dans ma vie ? Qu'est-ce qui a bien fonctionné le mois qui vient de s'écouler (ou depuis mon dernier bilan) ?
- Quand, et comment, au cours de ce mois-ci, ai-je éprouvé mes sentiments désirés (mes *core desired feelings*) ?
- Qu'est-ce qui m'a posé problème ce mois-ci ? Quelles difficultés je rencontre en ce moment ?
- Qu'ai-je appris ce mois-ci ? Quels ont été mes moments d'eurêka, ceux où je me suis dit : « Ah ! mais oui, bien sûr !!! »
- Quelles sont les personnes qui m'ont aidée à atteindre mes objectifs, à apprendre, à me sentir bien ce mois-ci ? Je pourrais leur envoyer un mot, un coucou...
- Quelles actions, ce mois-ci, ai-je posées en direction de mes objectifs et intentions de l'année ?
- Ces intentions et objectifs me correspondent-ils toujours ? Si oui, je m'y réengage – sinon, je les réévalue.
- Quelle est ma *wish list* du moment ? Qu'est-ce que je souhaite ? Si j'ai le courage, je me fais une petite liste de dix « j'aimerais ».
- Quelles sont les trois actions que je décide de mettre en œuvre ce mois-ci pour atteindre mes objectifs de l'année ?
- Ensuite, je m'accorde une tasse de thé, une pause agréable pour méditer un peu toutes mes trouvailles, les relire tranquillement, et pour me récompenser des progrès que j'ai accomplis.
- Enfin, je partage ces trouvailles avec mon amie, qui me donne son sentiment, et fait de même avec moi. Et je réévalue mes pistes d'action en fonction de notre échange.

Chaque semaine, je planifie et fais le bilan

Quand ?

Chaque lundi quand je peux, de préférence le matin (sinon, quand j'ai un moment libre). J'y arrive mieux pendant le fil de l'année que pendant les temps de vacances.

Avec qui ?

Je réfléchis seule, par écrit. En général, j'écris tout dans mon agenda.

Pendant combien de temps ?

Vingt minutes.

Quels sont les objectifs spécifiques ?

Mettre de la clarté dans ma vie, voir comment la vie que je mène contribue à ma croissance et à ma joie, regarder aussi les comportements que je dois modifier ou arrêter pour aller mieux, ou avancer, ou faire plus de bien ou moins de mal autour de moi. Je regarde aussi concrètement quelles sont mes priorités de la semaine.

Cette planification hebdomadaire est mon action de « lancement de semaine ». Elle me donne de l'énergie et du courage pour réattaquer la semaine après le week-end.

Quelles sont les questions que je me pose ?

- Quels sont mes sentiments de base souhaités, mes *core desired feelings* ? (Tu remarques que je les répète tout le temps. C'est une manière de me les rappeler, de vivre avec eux, de me dire : « Voilà comment je veux me sentir ».)
- Comment je me sens à cet instant ?
- De quoi je me sens reconnaissante cette semaine ? Pourquoi ? (Je note cinq ou six choses et j'explique le bien qu'elles me font, les besoins satisfaits.)

- Qu'est-ce que j'aimerais qui change (parce que ça ne va pas !) ?
- Qu'est-ce que je décide d'arrêter de faire ?

Puis je prends la page d'à côté. En haut, je note : « Choses qui m'ont fait du bien la semaine écoulée », et en bas : « Choses que je décide de faire cette semaine » (et je fais la liste de toutes les choses auxquelles je pense qui m'ont fait du bien la semaine écoulée, et de toutes les choses auxquelles je pense que je voudrais, devrais ou pourrais faire cette semaine).

Enfin, je note les trois actions importantes à accomplir cette semaine !

Mais ce n'est pas tout à fait tout. Il m'arrive de m'écrire à moi-même des encouragements : « Bravo, ma Christie, tu progresses. »

Quotidiennement, je contrôle

Enfin, il y a le petit contrôle, la planification « du jour ». Que je ne fais pas tous les jours, peut-être trois ou quatre fois par semaine – et pas pendant les vacances. Je la réalise :

- au fil de l'eau ;
- le soir (ça me prend deux à cinq minutes) ;
- le matin (*idem*, deux à cinq minutes).

Au fil de la journée, je note mes idées de choses que je pourrais ou que j'aimerais faire sur un petit papier blanc ou dans mon fameux carnet. Dès qu'une idée me vient, je la note, je ne l'évalue pas, je n'agis pas dessus, je la note simplement.

Ne pas laisser filer les idées !

Je ne sais pas si tu as remarqué, mais les idées viennent le plus souvent lorsqu'on est en train de faire quelque chose. Le fait de la noter quelque part où je sais que je vais la retrouver, ça m'interrompt vingt secondes, ce qui n'est pas suffisant pour me faire perdre ma concentration sur la tâche en cours, et ça dit aussi à l'idée « merci d'être là ! Je ne peux pas m'occuper bien de toi maintenant, mais, promis, plus tard, je reviendrai te voir et peut-être que l'on pourra faire quelque chose tous les deux ». Du coup, l'idée arrête d'insister pour le moment et je ne la perds pas. Et je peux la retrouver plus tard, quand c'est le bon moment pour moi, pour la creuser, l'approfondir, la mettre dans ma to do list… ou pas !

Chaque soir avant d'arrêter de travailler, je prépare ma to do list pour le lendemain sur un papier blanc ou mon cahier de travail. Pour la faire, je me base sur là où j'en suis (et lorsque j'arrête de travailler, j'ai généralement une idée très claire de ce que je m'apprêtais à faire, de ce qui me reste à faire, de ce que j'aurais fait si j'avais pu travailler encore une heure ou deux : c'est ce que je note, généralement, sur ma to do list du soir. C'est très aidant pour reprendre le fil le lendemain matin, ou de retour de week-end, de vacances, etc.). Je regarde aussi mes différentes idées notées sur mon cahier pendant la journée, et décide si je veux agir sur l'une ou plusieurs d'elles le lendemain, ou pas.

Chaque matin, avant de commencer à travailler, je regarde la to do list écrite la veille. En fonction de mes pensées du matin et de ce qui a pu surgir depuis (idées, événements, changement d'énergie), j'ajoute ou retire des items de la liste, et j'entoure les trois actions prioritaires de la journée.

J'essaie aussi de donner une intention pour la journée.

Le soir, je vérifie que les trois actions prioritaires ont bien été menées, sinon, je regarde pourquoi j'ai procrastiné… Et j'inclus l'action manquante dans la journée du lendemain. Mais là, on est un peu en avance sur notre programme PDCA…

Pour en terminer avec mes routines quotidiennes, souvent le soir, avant de m'endormir, je remercie (toujours par écrit, dans un carnet spécifique posé sur ma table de nuit) pour au moins trois choses qui m'ont rendue heureuse pendant la journée. Puis, si j'ai le courage, je demande pardon pour quelque chose que j'ai fait ou pas fait, de déconnant. Enfin, je note une chose qui m'attend le lendemain. Une chose difficile ou une chose qui m'enthousiasme, d'ailleurs, c'est parfois la même.

Cher lecteur, ce serait quoi, pour toi, une routine de planification qui te conviendrait ? En termes de périodicité ? De questions posées ? De partage : qui serait la personne avec qui tu pourrais faire ou partager tes bilans ?

P

PLANIFIER

Je demande du soutien, j'inclus mon entourage

Je me perçois comme une personne solitaire, et, en effet, j'ai besoin de ma dose de solitude et de silence quotidiens… Et quand je fais le bilan de mes journées, tu sais, les trois choses ou plus qui m'ont rendue heureuse aujourd'hui, la plupart de ces moments heureux ont été vécus avec des gens. Pour une solitaire, ça craint !

Les autres nous sont d'une aide précieuse, peuvent l'être, pour nous aider à tenir ce que nous avons planifié. Ou pour nous donner un conseil qui nous débloque. Je vais te raconter les différentes manières dont j'associe « les autres », mes êtres chers, pour tenir mes plans.

Les conseils qui tombent à pic

Parmi les quatre personnes qui partagent ma vie quotidienne (mon homme, mes deux filles, mon chien), trois d'entre elles sont de très bon conseil ; quant au chien, il est avec moi à l'heure où j'écris (ce qui constitue une aide véritable pour tenir le plan, c'est-à-dire écrire chaque jour selon le plan que j'ai créé pour moi et pour la maison d'édition). On dit qu'écrire est un exercice solitaire, je ne trouve pas, mais pas du tout. D'abord, il y a ce fil qui me relie à toi, je me sens avec toi ; ensuite, toutes les idées et la pensée de tous les mentors qui m'ont conduite à ces idées m'accompagnent (ils sont présents très fort en moi, très bavards !) et enfin, comme Colette, comme de nombreux écrivains qui vivent très entourés d'animaux, je suis le plus souvent accompagnée de mon chien lorsque j'écris.

Les trois personnes avec qui je vis ont parfois l'art de me donner des conseils qui tombe à pic. Sans insister. Et ça me débloque.

Je suis sur le canapé à côté de mon mari, en train d'écrire une proposition à un client. Je soupire dans tous les sens, « Je n'y arrive pas ». « Tu n'arrives pas à écrire ta proposition ? Imagine-toi comment ça sera quand tu feras le boulot, quand vous serez ensemble. » Et je monte dans mon bureau. Et j'imagine. Et je note des idées sur mon carnet. Et, en effet, c'est beaucoup plus facile ensuite d'écrire la proposition, un peu comme une lettre où je raconte à l'autre comment ce sera, comment ça pourrait être de travailler ensemble.

Je suis dans un parking sous-terrain, avec mon beau-père en train de farfouiller dans le ventre de ma voiture pour essayer de comprendre comment brancher la batterie vide de mon moteur avec la batterie pleine du sien. On ne trouve pas comment ouvrir la boîte de ma batterie. Ma fille de dix ans joue à côté de nous en attendant, elle court dans le parking avec le chien. En passant, elle nous dit : « Déclipsez les clips de droite et de gauche. » Ben ! C'était ce qu'il fallait faire pour ouvrir la boîte et recharger la batterie.

Ces conseils « à pic » sont merveilleux de clairvoyance et de légèreté. L'autre n'a pas notre enjeu, ni le nez dans le guidon, et il voit ce que nous sommes incapables de voir.

La touche de légèreté, elle, nous permet d'accepter le conseil bien plus facilement qu'un conseil insistant, martelé, contre lequel nous aurons envie de réagir. Lorsque je reçois l'un de ces merveilleux conseils *« à pic »* (certains livres font ça aussi, j'espère que le mien te fait l'effet d'une telle brise...), non seulement ça me débloque et me permet de gagner du temps que j'aurais sinon passé de manière désagréable à m'obstiner sur un problème auquel je ne trouvais pas de solution, mais je repars également contente, heureuse, moins seule, nourrie d'un gramme de pertinence supplémentaire.

Les work buddies

Un beau jour, j'ai dit : « Je ne veux plus travailler absolument seule. J'ai besoin de partenaires, d'amis de boulot. Pour la joie. Pour échanger des idées. Pour accroître ma motivation. Pour recevoir des retours sur mes projets. Pour me réjouir avec quelqu'un quand il m'arrive un truc super, et obtenir de la consolation quand j'ai un revers. Pour me recharger aussi en énergie quand je suis déprimée ou mollasse sans raison. Et pour le plaisir d'échanger avec les deux "work buddies", ces partenaires, camarades et amies que la vie m'envoie ces temps-ci. »

Catherine et Julie. Elles ne se connaissent pas, je me réunis avec elles le plus souvent au téléphone. L'une des choses qui font que « ça marche et ça continue entre nous », en dehors du fait que nous nous apprécions et nous respectons, est que nous avons fixé un cadre. Un cadre que nous réévaluons régulièrement.

- Avec Julie, nous nous appelons chaque mercredi une demi-heure, de 9 heures à 9 h 25, autour de trois questions auxquelles nous répondons chacune à notre tour : une bonne nouvelle, une mauvaise nouvelle, une question (que nous nous posons, que nous posons à l'autre). Je prends des notes sur un Google Doc partagé. La manière dont ce cadre évolue est que de temps en temps l'une de nous n'est pas dispo le mercredi à 9 heures. Du coup, on change le jour ou bien on reporte à la semaine suivante.
- Ce que j'aime spécialement avec Julie, c'est sa tendresse, son calme, son caractère si différent du mien. Et aussi, on s'appelle une ou deux fois dans la semaine de manière imprévue pour se raconter des succès, partager une ressource, demander de l'aide pour une difficulté (chose que nous avions cessé de faire quand nous n'avions plus nos rendez-vous réguliers).
- Avec Catherine, nous nous réunissons tous les mois, au téléphone ou par Skype. La date est fixée au rendez-vous précédent, en fonction de nos emplois du temps. Le plus souvent, autour du pivot du mois, à

la fin ou au début. Nous avons alors préparé le bilan-perspective du mois écoulé et du mois à venir, et nous partageons nos trouvailles, réussites, objectifs, difficultés.

- Ce que j'aime particulièrement avec mes rendez-vous avec Catherine, c'est que déjà, sans eux, je me sens moins motivée pour faire mes sessions de planification mensuelle qui m'aident énormément à piloter ma barque. Ensuite, lorsque je parle, elle m'écoute jusqu'au bout pendant le temps que nous nous sommes fixé, ou jusqu'à ce que j'aie terminé, et ça, c'est très appréciable. Enfin, Catherine et moi, nous avons ces rendez-vous depuis deux ans et demi, et il y a quelque chose de délicieux à la voir évoluer mois après mois, et à évoluer sous ses yeux mois après mois. À la voir et à être vue par elle.

J'aime leur sagesse à toutes les deux, et leur fiabilité. Je suis là pour elles, elles sont là pour moi – à l'intérieur des limites que nous nous sommes fixées ensemble.

« On peut, après tout, vivre sans le je-ne-sais-quoi, comme on peut vivre sans philosophie, sans musique, sans joie et sans amour. Mais pas si bien », a écrit Vladimir Jankélévitch. Franchement, il y a des périodes de ma vie où j'ai vécu sans *work buddy* soit que je ne connaissais pas le concept et n'avais pas identifié le besoin, soit que je me sois éloignée d'une personne... Et je ne vivais pas aussi bien qu'aujourd'hui.

Je te précise tout de même que trouver un *work buddy* n'est pas affaire de travail salarié ou indépendant, c'est affaire de vouloir !

J'en profite pour rendre grâce aussi à Hush, mon chien, qui ne me lâche pas d'une semelle, et vient régulièrement passer une petite tête dans mon bureau pour me dire : « On va se promener ? » Et ça me fait du bien d'aller mettre le nez dehors, de prendre de la hauteur ou au moins de décrocher le temps d'un instant. Le fait d'écrire me conduit à passer du temps toute seule et avec la compagnie de mon chien, je me sens rarement seule.

La prière, ou les pensées ailées

Une autre chose qui m'aide à réaliser le plan, c'est d'en parler à mes amies, à l'avance, et de leur dire : « J'aurai besoin de vos prières. » Moi, je crois en Dieu, je suis catholique, donc je crois au pouvoir de la prière (et je l'ai éprouvé). Mais si tu n'y crois pas, et à ceux qui n'y croient pas, je propose simplement des « pensées ailées ».

Le principe est super simple – encore faut-il croire aux forces de l'esprit. Mais, en vrai, tu n'as même pas besoin d'y croire la première fois (je suis à chaque fois un peu sceptique, je te l'avoue). Il suffit juste d'essayer.

Lorsque je me suis fixé un plan, et que ce plan je le trouve difficile, par exemple, faire rebondir ma carrière ou prendre soin de mon couple dans un moment où la relation est plus blessante que nourrissante, alors je demande des prières à mes amies. Je demande des prières bien spécifiques, je leur dis précisément de quoi il retourne, de quoi j'ai besoin.

Et pendant la période donnée, je sais qu'elles pensent à moi, qu'elles prient pour moi. Et je sens que d'autres forces se joignent aux miennes pour améliorer ma vie, mon caractère, opérer le changement dont j'ai besoin. Ces prières et pensées me donnent un surcroît de courage.

Ensuite, je suis heureuse de leur raconter comment ça s'est passé. Comment j'ai fait. Les moments où j'ai senti leurs prières.

Évidemment, je le propose aussi à mes amis quand ils me confient traverser une épreuve. Et pour gage que je suis avec eux, j'aime leur faire un minuscule présent, un joli caillou, une médaille, un coquillage, un bidule que j'ai dans ma poche qu'ils pourront garder dans leur poche ou leur sac ou là où ils veulent, comme preuve que je pense à eux. Ainsi, mon amie Pauline a toujours la licorne en plastique que je lui ai donnée avant sa grosse opération...

TA MAIN SUR MON ÉPAULE

Ta main sur mon épaule

Il y a deux ans, pendant les vacances à Belle-Île avec ma fille, ma mère mon frère, ma belle-sœur et mes neveux, j'ai râlé NON-STOP. L'ado pénible dans toute sa splendeur, sauf que j'avais 42 ans ! Bref, je n'étais pas fière fière de moi et l'année suivante, j'ai dit à ma Poupette (ma fille cadette) : « Écoute, cette année à Belle-Île, je voudrais ne pas râler. Or, comme je suis d'un tempérament très râleur quand je reviens dans ma famille d'origine, je vais avoir besoin de ton aide ». Et nous avons toutes les deux mis au point un système genre jeu du kem's : quand elle me voyait râler (trop râler), elle me mettait la main sur l'épaule.

Pas comme une tape, comme un rappel aimant.

Je vous promets, elle a fait ça – parfois, au bout d'une minute de râle, elle me laissait m'exprimer, parce que sinon c'était trop dur ! Et j'ai beaucoup, beaucoup moins râlé, c'est-à-dire presque pas, et j'ai passé des vacances géniales.

La main sur l'épaule – l'aide demandée en amont, appliquée avec discrétion, amour, par un allié qui veut nous aider à progresser. C'est une manière merveilleuse de s'aider à suivre le plan.

Alors toi, cher lecteur : comment t'y prends-tu pour associer les autres dans l'aide pour exécuter tes plans ? Qui sont ces autres à qui tu demandes de l'aide ? Quel genre d'aide leur demandes-tu ?

D

DÉVELOPPER

Mets-toi dans les bonnes conditions pour agir

Ça y est, tu as bien planifié ? Nous sommes, enfin !, arrivés à la phase du faire – de l'action. Action aidée par le plan : j'accomplis en suivant le plan.

Changer, et faire ce que l'on a décidé, ce n'est pas toujours facile, tout simplement parce qu'il arrive que ce changement aille contre les forces de la gravité, qui nous poussent plutôt à... ne pas changer. À observer le *statu quo*. À faire comme nous avons toujours fait, ou à faire comme tout le monde.

À l'heure où je t'écris, deux jeunes filles sont en train de disputer une partie d'Uno dans la pièce d'à côté. Ce n'est pas drôle de jouer au Uno juste à deux. Tout me pousse à aller jouer avec elles ! Mais, j'ai promis : je suis le plan.

Comment faire en sorte de mettre toutes les conditions de ton, de notre, côté pour agir le plus possible conformément au plan ?

Les conditions de fonctionnement

Tandis que je t'écris, je m'appuie sur trois choses : 1. le plan (la structure du livre) dont nous avons convenu avec mon éditeur ; 2. les grandes lignes que j'ai écrites dans mon carnet préparatoire (mon carnet rose, celui où je gribouille toutes mes idées et tous mes états d'âme au sujet de ce livre) et, enfin, 3. l'inspiration, la réalité de l'écriture, les méandres qu'elle prend, et aussi si je suis pressée (ou si l'on me presse d'aller faire autre chose).

Tandis que je t'écris, j'observe aussi les conditions qui m'aident à respecter le plan. Le plan, qui est à la fois d'écrire chacun des chapitres prévus dans le sommaire et de rendre le manuscrit à mon éditeur pour la fin du mois d'octobre. Ce plan-là me demande d'écrire tous les jours où je ne voyage pas et n'anime pas de formation.

Pour pouvoir écrire, j'ai besoin d'une relative maîtrise de mon emploi du temps, de temps de cerveau disponible et d'être assez peu sollicitée. J'ai aussi besoin d'habiter une maison où je peux trouver le calme. Idéalement, d'une chambre à moi pour écrire – ou à moi à certaines heures du jour.

J'ai besoin à la fois de ce sommaire, qui est ma feuille de route et de mon petit carnet du livre, où j'élabore, je chouine, je râle, ajoute des idées pour le chapitre précédent et imagine aussi le chapitre suivant. Encore un lieu à moi.

J'ai besoin aussi d'une certaine force de caractère : ne pas céder à la première tentation (comme cette partie d'Uno qui se déroule dans la pièce d'à côté) et de discernement, par exemple, savoir m'arrêter d'écrire pour accueillir l'« urgence importante », comme lancer un plat pour le repas ou accueillir mon oncle et ma tante venus du village à dix kilomètres pour m'apporter un seau de mûres.

Merci à la musique de Bach, son piano joué par Glenn Gould pour un toucher déterminé, ou par Zhu Xiao-Mei pour plus de subtilité, ou encore par Murray Perahia ou par Sviatoslav Richter. Bach ce « polar » de la composition, ce fou de l'orgue aujourd'hui transposé au piano, qui m'aide à mon tour à pianoter, à composer sans distraction sur mon propre clavier.

Ce qui est « amusant », c'est que je vais t'écrire ce livre dans plusieurs lieux successifs, avec des bandes différentes – et des règles et des emplois du temps et des répartitions des rôles différents. À chaque fois, finalement, je vais devoir adapter mon plan à la réalité du terrain. Chacun a des conditions de fonctionnement. Une fois que tu connais les tiennes, il suffit de les mettre en place pour avoir une atmosphère optimale.

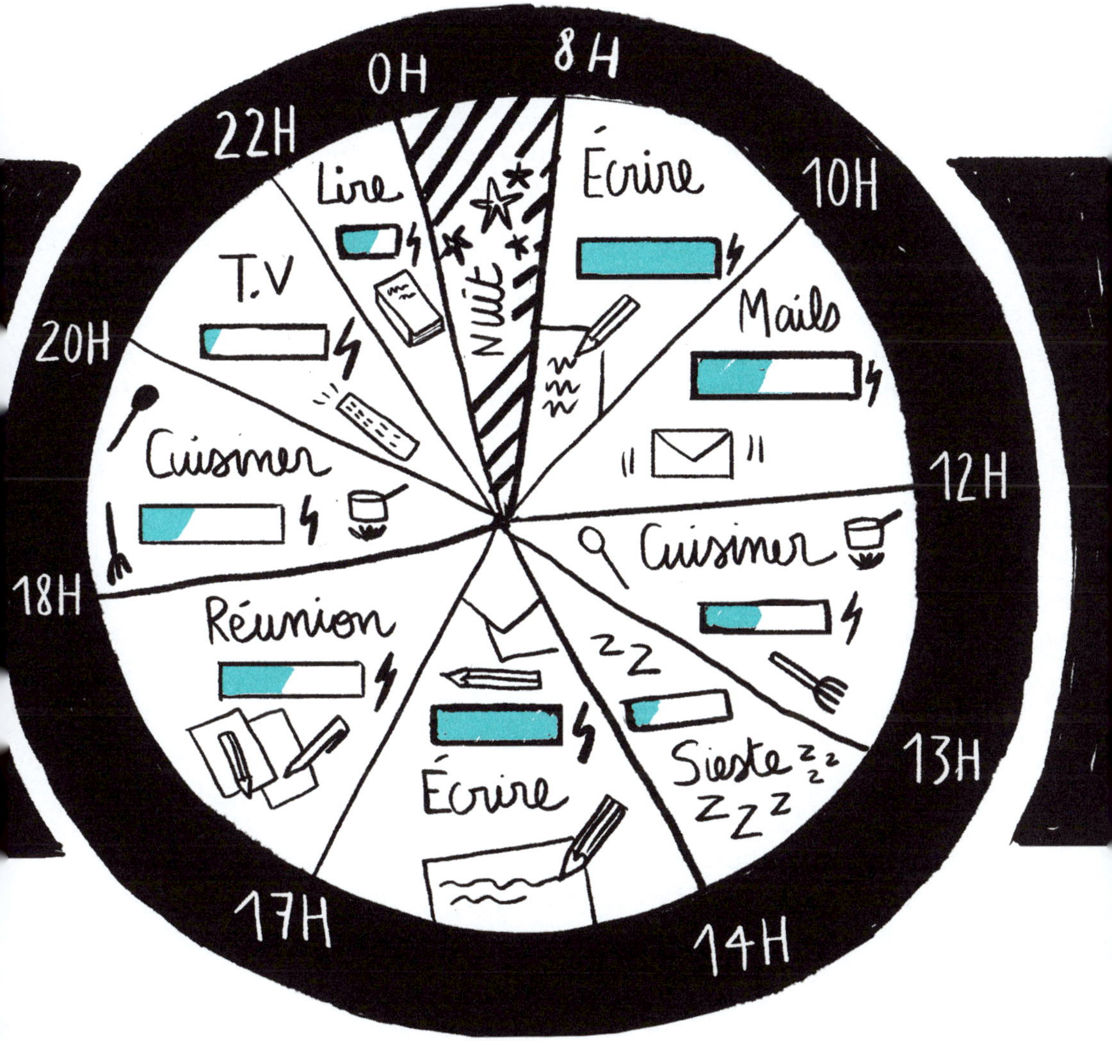
0H
8H
Écrire
10H
Mails
12H
Cuisiner
13H
Sieste
14H
Écrire
17H
Réunion
18H
Cuisiner
20H
T.V
22H
Lire
Nuit

Va avec la force que tu as

Il y a autre chose aussi que je fais pour t'écrire de manière consistante avec le meilleur de mon être. Comme c'est la priorité, l'une des priorités numéro 1 de mon été, je m'arrange pour lui réserver ma meilleure énergie.

Ce qui veut dire que je réserve, pour écrire, les meilleurs créneaux de la journée. Ceux où j'ai le plus d'énergie, le plus de peps.

Tu as déjà remarqué que tu étais très dynamique à certains moments de la journée, capable d'abattre un max de boulot, un peu plus mou à d'autres et carrément crevé, affamé, irritable, à d'autres ? Notre énergie fluctue dans la journée, elle monte au réveil, elle est à son plus haut deux ou trois heures après le réveil, puis elle redescend avant le déjeuner, car on a faim, et encore après le déjeuner où elle atteint des abysses, pour remonter graduellement en milieu d'après-midi, et là, nouveau pic d'énergie, et redescente graduelle jusqu'au coucher. Tu vois ce dont je parle ?

Il y a donc des moments de la journée où l'on n'est pas bon à grand-chose, mieux vaut se reposer, papoter avec un collègue, accomplir des tâches qui ressourcent. Il y a également des moments de la journée où l'énergie est en train de monter, ou de redescendre, où l'on peut faire des choses plus faciles, comme assister à une réunion que l'on n'anime pas, couper les carottes, répondre à des emails pas trop engageants, faire tout un tas d'actions ne nécessitant pas une mobilisation maximale de la réflexion ou du corps. Et enfin, il y a nos deux pics d'énergie du jour qu'il faut réserver quand c'est possible à ce qui est difficile et important. Respecter notre rythme permet de se donner le maximum de chances de réussir !

Changer, c'est dur. Écrire, ça peut être exigeant. Alors, lecteur, si tu veux te donner le maximum de chances de réussir ton opération de changement, il est nécessaire de lui attribuer le créneau où tu pètes la forme plutôt que le créneau où tu es ronchon. Et je t'avoue qu'avant de t'écrire, quand c'est l'après-midi, j'ai fait une petite sieste d'un quart d'heure, vingt minutes, pour être sûre de te donner toute ma belle énergie.

*

Et toi, comment aimes-tu créer ? Quelles sont tes bonnes conditions de fonctionnement ? De quoi as-tu besoin, que tu peux mettre en œuvre, toi, pour t'aider à faire ?

D
DÉVELOPPER

Adopter une nouvelle habitude

« Le changement est une porte qui ne s'ouvre que de l'intérieur. »

Tom Peters

Ah, cher lecteur ! Ce chapitre qui s'ouvre, cette porte que j'ouvre avec toi, cela fait trois jours que je tergiverse, je l'écris, je ne l'écris pas ? Car, vois-tu, il me semble que ce seul chapitre pourrait finalement résumer tout notre livre. Et pourtant, tant que ce chapitre n'est pas écrit, je n'arrive pas à passer à la suite. Il y a ce que je veux écrire et ce qui veut être écrit – dans ce livre, c'est très manifeste ! Et c'est ce qui veut être écrit qui décide. (Cela me rappelle la phrase du père de Catherine Sueur : « Aie confiance dans la vie. La vie, c'est plus fort que toi. » Je vais suivre son conseil concernant l'écriture.)

Comment adopter une nouvelle habitude ? Ou, comment ancrer en soi ce désir de changer ? Les théoriciens du changement nous enseignent qu'il y a sept facteurs clés de succès pour ancrer une nouvelle habitude. Après nous être posé la question : « Quelles sont les conditions qui fonctionnent pour moi », regardons les conditions qui fonctionnent, généralement, pour le plus de monde.

Vingt et un jours

Si tu veux ancrer un geste, par exemple ôter un aliment de ton régime ou commencer une pratique méditative, pour que ce geste devienne une habitude et s'insère dans ton emploi du temps, il te faut le répéter pendant au moins vingt et un jours consécutifs.

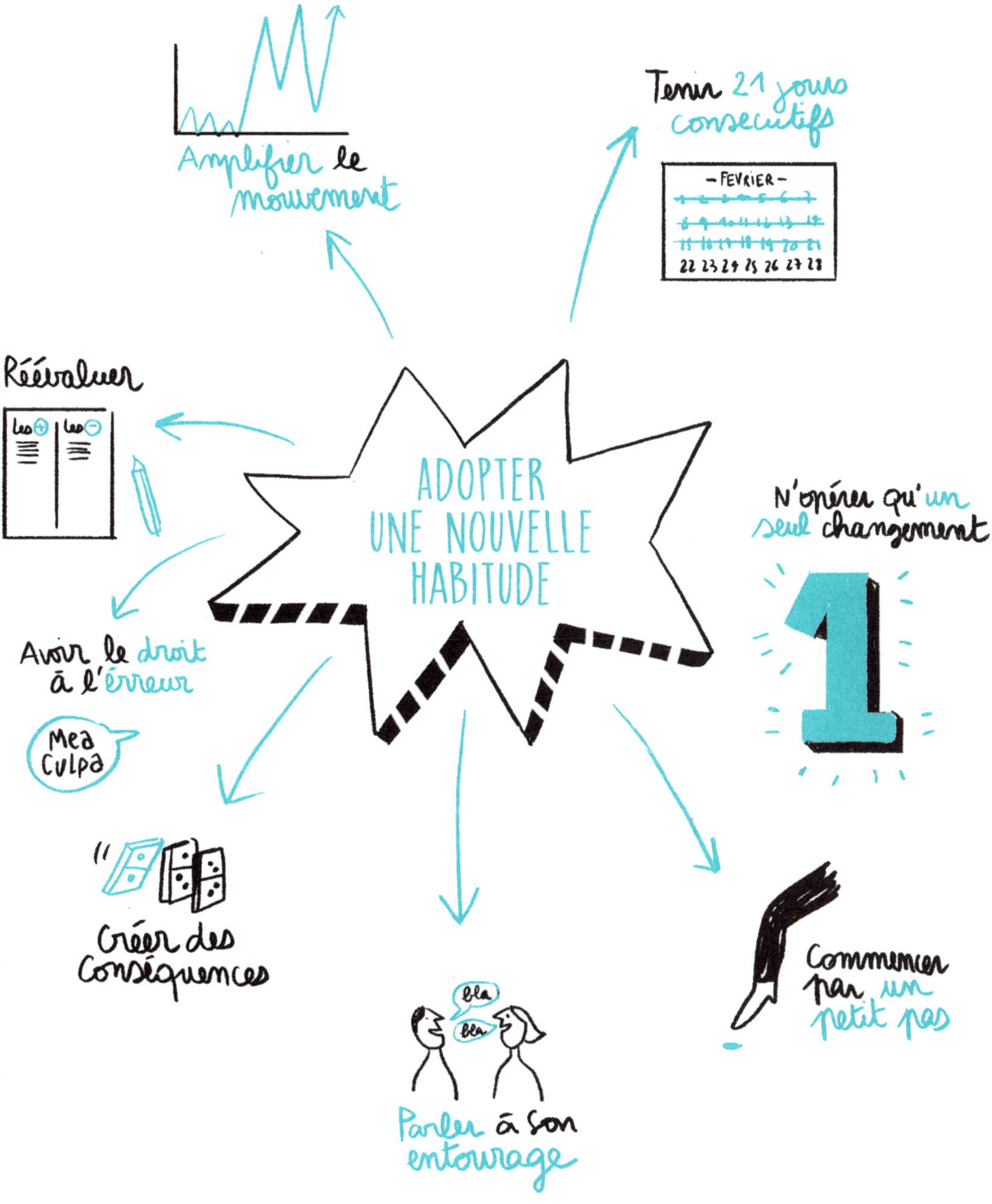
ADOPTER UNE NOUVELLE HABITUDE
Amplifier le mouvement
Tenir 21 jours consécutifs
FEVRIER
22 23 24 25 26 27 28
Réévaluer
Les +
Les −
N'opérer qu'un seul changement
1
Avoir le droit à l'erreur
Mea culpa
Créer des conséquences
bla
bla
Parler à son entourage
Commencer par un petit pas

Cela veut dire que pendant vingt et un jours, tu vas devoir y penser et sans doute ce sera un effort, tu seras sensible aux contraintes encore davantage pendant cette première période.

Comme je me sens un peu plus lente que la moyenne, ou un peu plus motivée, ou alors rétive à suivre complètement cette durée des vingt et un jours, je décide, à chaque fois que je veux ancrer une nouvelle habitude, d'une durée « bien à moi », qui me paraît logique pour acquérir cette habitude, vivre avec elle.

Par exemple, en ce moment, j'essaie de limiter ma consommation d'alcool car j'ai envie et besoin d'avoir les idées claires et le corps sain. Avec mon mari, nous buvons d'un à trois verres par soir, et je me suis rendu compte que cela ne convient pas à mon corps, que cela m'endort et m'engourdit. Par ailleurs, j'ai déjà essayé de fixer des jours prédéterminés sans alcool, et cela ne fonctionne pas avec moi. Alors, nouveau plan, je prévois de limiter ma consommation à un verre (de cidre, de vin, un cocktail) par jour. J'ai commencé le 15 juillet et je souhaite m'y tenir jusqu'au 30 septembre – et après, on verra. Cela ne veut pas dire que je vais arrêter cette habitude le 30 septembre, ni que je vais me remettre à boire davantage le 30 septembre, cela signifie que je vais tenter le coup jusqu'à cette date et qu'après, j'évaluerai et déciderai comment je poursuis (ou pas).

Une nouvelle habitude à la fois

Une nouvelle habitude est difficile à prendre. Elle est inconfortable, elle mobilise une partie de nous qui n'est pas familière. Même si tu désires changer plusieurs choses chez toi, je te conseille de commencer par une seule à la fois, pour te concentrer sur une nouvelle habitude et mettre toutes les chances de ton côté pour réussir à l'acquérir ; ou, si tu décides de la laisser tomber finalement, le faire en toute connaissance de cause.

Le un – un seul geste nouveau à la fois – te garantit la concentration sur ce geste.

En même temps que réduire l'alcool, j'avais prévu de réduire ma consommation d'écran, notamment le soir, avant de me coucher. J'ai décidé de ne plus regarder mon téléphone après 22 heures le soir.

Ben, c'était prévisible : échec. L'alcool, je m'en tiens à mon verre, le téléphone, pas du tout. À 23 h 30 ou minuit, je suis encore dessus. Deux habitudes différentes en même temps, c'était couru d'avance que l'une d'entre elles sauterait. Et encore, je suis chanceuse d'y arriver avec mon seul verre.

« On peut tout réussir, mais pas tout à la fois », dit mon papa. J'essaierai de nouveau de réduire le téléphone dans dix jours, quand l'habitude de moins boire d'alcool sera plus ancrée.

D'ici là, je sirote et savoure ma bolée du jour.

Commence petit

C'est le principe essentiel de ce livre. Une autre cause d'échec d'acquisition d'une habitude est de voir trop grand. Je veux courir et je me vois déjà marathonienne. Imaginer un jogging de vingt minutes est déjà une idée raisonnable pour commencer. Une habitude est comme un muscle, je deviens de plus en plus résistante et adroite à mesure que je progresse et que je m'entraîne. Tu n'imagines pas dès ton premier entraînement de gym faire le grand écart ? Bon, c'est pareil pour tout. Donne-toi un objectif que tu peux tenir, sinon tu te mets toi-même en échec : c'est cuit d'avance. Un verre par jour, vingt minutes de course, cinq minutes de méditation, pour commencer, pour t'acclimater. Et si ça marche (ce qui risque de se produire), alors tu pourras voir plus grand. Comme un grand écart où nos jambes s'ouvrent petit à petit, à leur rythme, au fur et à mesure des entraînements.

Parles-en autour de toi

On en a déjà parlé, les personnes bénéfiques de notre entourage (j'allais écrire les « anges ») nous aident à atteindre nos objectifs de changement. Pour acquérir une nouvelle habitude, je peux le faire dans mon coin, sans en parler à personne. Mais alors, si je laisse tomber l'affaire, ou si je suis tentée de le faire, je pourrai me dire : « Who cares ? », qui ça intéresse ?

Alors que si j'en ai parlé autour de moi (vous savez, je prévois de ne boire qu'un verre par jour pendant l'été), cela a un coût social de me resservir un deuxième verre. « Ben alors, ma cocotte, et ta sobriété ? » Par ailleurs, si j'ai prévenu tout le monde autour de moi que je ne vais pas me resservir à boire, et si cet entourage est bienveillant, peut-être va-t-il m'aider en ne me proposant pas ce deuxième verre. Et aussi, peut-être pourrai-je célébrer avec mon entourage, ou une personne spécialement aidante, le fait d'avoir tenu le coup.

Oui, ça aide de ne pas tenter de changer une habitude seule dans son coin.

Fais en sorte qu'il y ait des conséquences

Il y a toujours cette idée de « qu'est-ce qui se passe si je réussis, qu'est-ce qui se passe si j'échoue ? », ça change quoi pour qui ? « C'est peut-être un détail pour vous, mais pour moi ça veut dire beaucoup... » Il dépend de moi que mon changement ait des conséquences. Je peux les définir à l'avance : si je marche à la carotte, je me récompense de telle manière si j'arrive à faire chaque jour l'effort prévu, et si je marche au bâton, cela me coûte tant de ne pas arriver à fournir chaque jour l'effort prévu.

Tu remarqueras que j'évalue les moyens que je me donne, et pas le résultat.

Donne-toi le droit à l'erreur

Bon, et qu'est-ce qui se passe si un jour je bois plus d'un verre ?

Hé ben ! C'est ce qu'il m'est arrivé hier. On a été à la crêperie, le cidre n'était disponible qu'à la bouteille et nous n'étions que deux à en vouloir. Pour pas gâcher, j'ai bu trois bolées.

Je pourrais me dire, comme avec le téléphone portable, que je ne suis pas capable en ce moment d'adopter une nouvelle habitude... Mais jusque-là, j'ai tenu. Et j'ai une bonne « excuse » (la bouteille trop pleine pour deux). Je vais donc me dire que j'ai commis un écart, et reprendre aujourd'hui mon « ascèse ».

Quand on commet un écart par rapport au plan de la nouvelle habitude, c'est tentant de laisser tomber. Doublement tentant : on n'y arrive pas, cela nous donne une bonne excuse pour revenir au comportement confortable.

C'est pourquoi il est si important de savoir à l'avance qu'on risque d'avoir du mal et de trébucher, et de prévoir : « Bon, si je commets un écart une fois qu'est-ce que je fais ? »

Réévalue régulièrement l'habitude, son coût et ses bénéfices

Comme la nouvelle habitude n'est pas facile à prendre, d'abord vis-à-vis de soi et aussi vis-à-vis de l'entourage qui peut être plus ou moins soutenant (pas facile de limiter l'alcool et les apéros l'été dans une famille où c'est la culture), il est très recommandé de faire régulièrement le point. Par « régulièrement », je dirais, dans la première phase d'acquisition d'habitude, toutes les semaines, mais ça peut être plus souvent si tu en éprouves le besoin. Les questions seraient les suivantes :

- Bon alors, comment ça se passe pour moi ?
  (Je prends ma température générale. Je dirais à propos de mon verre unique quotidien que pour l'instant c'est plutôt réussi, avec un seul écart hier soir et sinon plusieurs jours aussi où je n'ai pas bu d'alcool du tout, sans que ça me manque.)
- Qu'est-ce qui est facile ?
  (En général, je n'ai pas de mal à dire « ça suffit ».)
- Qu'est-ce qui est difficile ?
  (Quand il y a une circonstance exceptionnelle, j'ai du mal à respecter mon engagement.)
- Quel est le coût pour moi de cette nouvelle habitude ?
  (Pas énorme pour l'instant... Peut-être apprécierais-je un petit verre de rhum arrangé, mais j'ai peur pour le coup d'avoir du mal à m'arrêter à un verre...)
- Quel est le bénéfice pour moi de cette nouvelle habitude ?
  (Je me sens plus claire en effet, je dors mieux, je me respecte davantage.)
- Qu'ai-je besoin de réajuster ?
  (Pas grand-chose pour le moment ! Juste être vigilante...)
- Suis-je prêt, prête, à passer à la phase supérieure ?
  (Noooon !!!)

Cela fait du bien de prendre le temps de regarder en arrière et de faire ce petit point. Je me rends compte d'où j'en suis. Je me reconnais dans mon effort, qui n'est pas énorme, mais qui en est déjà un. Je réévalue mon effort (est-ce trop, pas assez, juste ?). Surtout, en regardant les bénéfices de la nouvelle habitude pour moi, je me donne un nouvel élan de motivation : la balance coût/bénéfice est largement bénéficiaire. Ce qui m'aidera à tenir lors de la prochaine tentation.

Amplifie le mouvement

Alors, voilà. Au bout de quelque temps, l'habitude sera « trop facile » pour toi. Si tu as besoin, si tu commences à t'ennuyer, c'est le moment de te dire : « Bon, je continue comme ça ? J'arrête ? Ou j'amplifie ? »

Je ne sais pas te dire ce qu'il en sera pour l'alcool, vu que je viens de commencer. Mais pour la méditation, qui est une autre habitude acquise il y a neuf ans, j'aime tellement écrire mes trois pages du matin, que je ne me suis pas mise à en faire quatre, mais que j'ai cherché d'autres pratiques méditatives à insérer dans ma vie. Je continue à écrire trois pages chaque matin au réveil, et en plus je marche presque tous les jours, et je brode ou répare mes habits (ce qui est une pratique méditative). Et aussi parfois je cuisine en silence, et, bien sûr, je prie dans les églises... J'ai aussi envie, quand je me sentirai prête, d'expérimenter le jeûne accompagné. Quand j'aime une pratique et que je sens qu'à elle toute seule elle ne me suffit pas, il est temps alors de me dire : « OK, que puis-je faire de plus ? » ou : « Comment faire différemment ? » Pour animer mes pages du matin, je me sers parfois d'un livre d'Anne-Marie Jobin, qui fait des propositions à dessiner ou à gribouiller, ou encore d'une application de questions magnifiques de Danielle LaPorte, et voilà, je réponds aux questions.

Mais je ne me pose pas ces questions avant de sentir que je peux plus, que j'ai besoin de plus.

Le plus, ou le mieux, est à mon sens organique – il survient quand j'ai fait le tour de la pratique telle qu'elle est.

Voilà, cher lecteur, ce chapitre qui résume un peu tout le livre.
Je le pose là. Comme un petit récap, juste pour nous.

Et pour fêter ce chapitre : VACANCES. Pas de question récap !
Je m'en vais pour ma part souffler quelques bulles de savon...
et boire l'apéro – un seul verre – chez ma copine-voisine.

D

DÉVELOPPER

Une méthode graduelle et douce, les pas japonais…

« Rien que pour aujourd'hui. »

Sainte Thérèse de l'Enfant-Jésus

Par où je commence ? Comment je commence ? Je ne sais pas si, face à l'ampleur d'une certaine tâche (chez moi, par exemple, c'est ranger et réorganiser ma pièce de bureau), tu t'es déjà vu botter en touche et procrastiner. Ma définition du terme « procrastiner », c'est : décider de faire quelque chose et ne pas parvenir à passer à l'action. Voilà, c'est le cas pour mon bureau : ses murs sont recouverts de dessins et de photos et de bouts de papier qui ont eu un sens pour moi à l'époque où je les ai collés, mais n'en ont plus tous aujourd'hui. Les étagères sont remplies de boîtes et de choses mystérieuses que j'ai jugé utile de remiser là. Ainsi, que de livres, de cahiers, qui gagneraient à être triés, regroupés, afin que je puisse les retrouver quand j'en ai besoin.

Tout mon bureau crie : « Du vide ! De la place ! » Mais cela fait un an qu'il crie et que je ne m'y mets pas.

Tu connais ça ? Quand il s'agit de t'atteler à la rationalisation d'un espace ou à toute autre tâche que tu t'es promis d'accomplir et pour laquelle mystérieusement tu ne trouves pas le temps ?

Il y a une phrase que j'aime bien : « La seule manière d'avaler un éléphant, c'est de le couper en morceaux ». L'une des raisons pour lesquelles on procrastine, en effet, c'est que la tâche nous paraît démesurée, et qu'on a peur de ne pas en venir à bout. C'est toute l'utilité du plan : nous pouvons ou nous avons pu (c'est ce que j'ai fait) découper la tâche en plusieurs morceaux de taille raisonnable, modeste. C'est-à-dire de la taille d'une bouchée qui me paraît, à moi, faisable dans le laps de temps dont je dispose. « Je le découpe comment, le poulet ? » « Découpe-le en bouchées ! » Voilà, cette tâche difficile que tu n'arrives pas à commencer, la première chose à faire est de la découper en petites sous-tâches pile de la taille de ta bouche.

Mais commençons par le début.

Imagine une mare dans un jardin japonais

Imagine, mon ami, que tu te trouves téléporté dans le jardin zen d'un temple à Kyoto. Oui, c'est l'un de mes rêves, retourner à Kyoto. La fois où j'y suis allée, j'avais 10 ans et, comment dire, je n'en ai pas complètement profité. Au milieu du jardin zen de ce temple aux toits en forme de pagodes, ce temple au milieu des grands cèdres, au milieu du jardin, il y a une mare. Une grande mare que l'on peut traverser au moyen de gros cailloux, des pierres plates disposées sur toute la diagonale de la mare, à distance de pas. Ces cailloux plats dans les mares sont appelés des « pas japonais ».

Ainsi, une mare qui ne pourrait pas se traverser à pied sec ou pas traverser du tout, sous peine d'endommager irrémédiablement la paire de socques et le beau kimono, peut se traverser sans trop d'encombres grâce à cette belle invention des pas japonais.

Imagine à présent que le jour où tu visites ce jardin, et te trouves au bord de cette mare, un épais brouillard s'est abattu sur Kyoto. Tu as drôlement envie de traverser la mare, c'est amusant d'aller voir ce qu'il y a de l'autre côté. Sauf que. Avec ce brouillard à couper au couteau, tu ne vois pas l'autre côté de la mare. À vrai dire, tu ne vois que le premier pas, que la première pierre plate.

Puis le suivant
Puis le suivant
Puis le suivant
Après le premier pas,
je vois le suivant
Je vois toujours
le premier pas

Le premier pas

Ce n'est pas confortable de ne pas voir l'autre côté de la mare. Ce n'est pas confortable de ne pas voir même la seconde pierre. Et le brouillard me fait hésiter. Et si, après cette première pierre, il n'y en avait pas d'autres ?

Ben, si c'était le cas, je me retrouverais comme une andouille à cinquante ou soixante-dix centimètres du bord, sur ma pierre plate. Et je n'aurais plus qu'à me retourner et à retourner de là où je viens, sur la terre ferme. J'aurai perdu une minute et un peu de panache. Rien de bien grave. D'autant que mon esprit rationnel me dit qu'il y a probablement une autre pierre plate juste après la première (la plupart des mares japonaises dans les jardins zen sont construites sur ce modèle !). C'est juste qu'avec ce brouillard, je ne peux pas la voir...

Bon, tu me vois venir ? La mare dans le brouillard, c'est une image qui pourrait convenir à de nombreux projets, de transformation ou de création. Il nous arrive de visualiser le projet dans son intégralité, toutes ses étapes, mais parfois, on ne voit que la première étape. Le premier pas à accomplir.

À chaque chapitre que je t'écris, je sais qu'il y en aura un suivant, mais ses contours ne sont pas encore clairement définis. Je m'y pencherai quand ce sera le moment de l'écrire. Soit, demain. Pour aujourd'hui, j'habite pleinement mon caillou, ma pierre plate : ce chapitre-là, dans toute sa texture, dans toute sa dimension. Hé oui, quand je l'aurai bien exploré, j'espère que je serai capable de voir, malgré le brouillard, les contours du prochain pas japonais sur lequel je m'apprête à sauter.

Et c'est ça qui est beau.

Je suis obligée de faire confiance

Je suis obligée de faire confiance : croire que le prochain pas apparaîtra et qu'il sera à une distance suffisamment proche pour que je puisse l'atteindre. Et aussi, me faire confiance que s'il n'apparaît pas, ou pas tout de suite, je saurai quoi faire.

Dans le cas de ce livre, qui est pour moi aussi un processus de transformation, il m'arrive certains jours de ne pas savoir comment emboucher le chapitre du jour ; le pas suivant ne m'apparaît pas, pas directement. Mais j'ai la possibilité d'accomplir un autre travail avec ce livre : écrire un encadré ou juste un paragraphe.

La seule manière de savoir si j'y arrive, et de savoir ce qu'il y a de l'autre côté de la mare, de vérifier si j'y parviens, à cette traversée, c'est de me mettre en mouvement et de faire ce premier pas. Malgré le brouillard, malgré mes doutes, malgré mes peurs, me lancer dans ce foutu premier pas. Et faire confiance qu'ensuite le pas suivant m'apparaîtra, même s'il n'est pas situé, même s'il ne ressemble pas au pas que j'avais imaginé. (Je vais te faire une confidence, c'est beaucoup plus amusant, la traversée, quand elle ne ressemble pas à celle que tu avais imaginée.)

Imaginez les pas...

J'ai fait le premier pas, qui est d'imaginer comment je vais m'y prendre. La première idée, c'était de détacher les images de mon mur, ce que j'ai commencé à faire. Le pas suivant est de terminer le « décrochage » du mur ; et celui d'après, de tout mettre dans une grande boîte avant de trier. Puis après : je verrai quelle étape me semble naturelle. Et quand j'aurai fini, j'aurai un beau bureau un peu plus sobre, un peu plus proche de la « moi » d'aujourd'hui et avec des étagères qui auront gagné de la place pour tous mes nouveaux livres et projets.

Et, pour toi, quel pourrait être le premier pas vers ton projet de changement ?

D
DÉVELOPPER

Sauter dans l'action

Mon mari, Nicolas, pendant toute une période, disait souvent cette phrase qu'il a empruntée au chorégraphe américain Merce Cunningham : « The only way to do it is to do it. » La seule manière de le faire, c'est de le faire.

Elle est bonne !

Je ne sais pas quelle est ta stratégie pour entrer dans l'eau, de la mer ou d'une piscine, un peu plus froide que la température de ton corps, mais alors, moi, je suis capable d'attendre une demi-heure pour me mouiller, même sur notre rocher en Corse où la mer l'été atteint une température de 25-26 degrés. Au bout d'un moment à trempouiller mon gros orteil, puis mes mollets, puis toutes les parties de mon corps jusqu'à la taille, je n'ai plus qu'une seule solution : m'immerger dans l'eau de la mer.

Dans les premiers instants, je suis saisie et pousse des petits cris aigus, et au bout de quelques secondes, je me sens heureuse, heureuse, heureuse. Comme un poisson dans l'eau !

Comme j'ai fini par apprendre que, de toute façon, mon corps va être saisi par le contraste de l'eau plus froide que l'air, et ce, que je reste une heure à procrastiner ou que je saute directement dans l'eau, quand j'en ai la sagesse, et la possibilité, à la piscine par exemple, je préfère sauter directement dans l'eau, et me passer des préliminaires (gros orteil, mollet, etc.).

Cette situation de l'immersion dans l'eau froide est la même que nous éprouvons dans de nombreuses situations. La clé ici est le contraste entre un état (sec, au chaud) et un autre (mouillé, dans un élément plus froid). D'ailleurs je ne sais pas pour vous, mais j'arrive bien mieux à me baigner… sous une petite pluie fine !

Ce contraste est à la fois séduisant et difficile à embrasser.

L'appréhension avant le départ

Chaque année, j'essaie de faire un bout du chemin de Saint-Jacques (la voie qui part de Vézelay et passe par la Creuse, le Limousin…). Ce chemin de Saint-Jacques que je fais en hiver (février, mars), avec mon chien, répond à plusieurs besoins. L'un d'eux est de vivre dans la nature, en portant juste ce qui nous est nécessaire au chien et à moi, et encore, nous nous en remettons à la gentillesse des hôtes sur le chemin et à la chance pour nous loger, nous nourrir.

Je suis partie cinq ou six fois sur le chemin, à chaque fois le chemin a été au moins instructif et au mieux enchanteur. Pourtant, avant chaque départ, la joie de partir se teinte de doutes et d'appréhension. Et si je me fais mal ? Et si mon sac est trop lourd ? Et si j'ai froid ? Et si j'ai chaud ? Et si je fais des rencontres déplaisantes ? Et si je ne rencontre personne ? Et si je ne trouve pas de petits magasins de village pour faire mon casse-croûte ?

Ce qui est beau avec ce chemin, c'est que tous mes amis qui se lancent dans cette aventure me font part des mêmes doutes avant de partir, et de galères et joies similaires en chemin.

Sauf qu'avant le départ, on ne sait pas ce qui va se passer pendant le chemin – c'est l'essence même de l'aventure, et ce qui fait son prix, et sa joie, et sa difficulté.

En écrivant ce livre, j'ai un sentiment similaire à celui de la marche vers Saint-Jacques : je lui demande de me transformer. Chaque journée a une étape prévue (au lieu du nombre de kilomètres, c'est un nombre de pages qui forment un chapitre) ; je me repère à l'aide d'une feuille de route, qui est le plan initialement prévu avec mon éditeur, ainsi qu'avec les quelques notes, jalons supplémentaires que j'ai préparés sur mon carnet rose. Mais le reste, la grande majorité du reste, c'est l'aventure.

Et il y a des jours où je me sens taillée et désireuse d'aventure, et d'autres jours où je resterais bien tranquille dans mon fauteuil[11].

Et il n'y a pas d'autres moyens que de partir quand même.

La joie du mouvement

Enfant, j'avais choisi un instrument de musique : la harpe. La harpe, c'était trente-deux cordes à accorder avant toute session d'entraînement, avec le risque qu'une des cordes claque si je serrais trop la clé. Et ça ne loupait pas, une fois par mois environ, je faisais sauter une corde. Il n'y avait pas Internet à l'époque. Bref, ça me prenait des plombes de me mettre à mon instrument car j'anticipais tout ce que je devrais faire et je préférais plutôt jouer à la Barbie. Mais une fois que je m'étais arrachée à mes poupées, que la harpe était accordée sans accrocs, que je tenais contre ma poitrine, entre mes jambes, mon instrument adoré, je pouvais y rester des heures.

C'est pareil avec la marche, avec la mer, avec l'écriture, avec toute mise en branle de démarche. Oui, ça pique de se lancer, mais une fois qu'on y est, pendant un bon moment, on y est bien. Il y a une griserie du mouvement, une griserie de ce que l'on découvre, une griserie de l'immersion dans un autre élément, l'air, l'eau, la musique, les mots... Et l'oubli de soi pendant tout un moment. L'absolue concentration dans un geste, mettre un pied devant l'autre et recommencer, le contact des doigts sur les cordes, chercher le meilleur mot, le meilleur geste des quatre membres pour avancer dans l'eau, éventuellement réagir au courant... Le mouvement nous porte et nous emmène parfois où nous pensions aller, parfois beaucoup plus loin.

11. L'intérêt d'écrire, c'est que je peux partir à l'aventure assise dans mon fauteuil !

AVANT D'Y ALLER

1-2H APRÈS

Et c'est en sortir qui peut devenir difficile, comme ces enfants qui ne veulent pas entrer dans la baignoire, ni en sortir une fois qu'ils y barbotent.

Après mes randonnées de Saint-Jacques, après mes sessions d'écriture, je me sens à la fois fière de ce qui a été accompli et désorientée. Le mouvement automatique vers quelque chose, un horizon mouvant, mais à peu près fixé, ne me porte plus. Je suis de nouveau encombrée de moi-même.

La force de la régularité

Ce qui aide à poursuivre, tant dans l'écriture que dans la marche, que dans le mouvement de changer, c'est sa régularité. Si je sais que je vais le faire aujourd'hui, que je vais le faire demain, je ne me pose pas la question : « Est-ce que je le fais ? », mais plutôt : « Comment je le fais. » Et c'est un débat beaucoup plus facile à trancher. Ou du moins, une partie de la problématique qui est tranchée. Et quand je l'ai fait la veille, le refaire le lendemain est plus facile car mon corps, mon psychisme ont gardé l'empreinte et la mémoire du mouvement.

Je m'en aperçois bien lorsque je m'interromps quelques jours dans l'écriture de ce livre. Ben, le recommencement est poussif ! Et mes amis qui ont fait une journée de pause dans leur marche vers Saint-Jacques m'ont témoigné de la difficulté de repartir à l'issue de cette journée d'interruption.

La force du mouvement continu nous aide dans notre désir d'avancer et de changer.

Et toi, cher lecteur, comment te sens-tu avant un départ ?

Comment te sens-tu avant de passer à l'action ?

Qu'est-ce qui t'aide à te lancer ?

D

DÉVELOPPER

C'est toi qui décides de la taille de ton pas

Lorsque je me donne une échéance de transformation, ou un défi, quel qu'il soit, lorsque je cherche à acquérir une nouvelle habitude, ce qui m'aide à le faire, c'est de me fixer une « règle » – dans le sens des moines, les ordres réguliers, qui ont chaque jour un emploi du temps bien défini. Moi, je ne définis pas toute ma journée, mais je me fixe une mesure de travail à faire, et parfois une temporalité (à quel moment de la journée je le fais).

Cette règle – régularité – m'aide à faire le job. Par exemple, la règle définie pour ce livre c'est : « J'écris un chapitre par jour, sauf les jours où j'anime des formations et où je voyage. » Et plutôt à l'heure de mon pic de créativité de 16 heures à 17 h 30. Alors, je sais que quoi qu'il arrive, je vais m'installer pour écrire, certains jours une heure, d'autres jours trois ou quatre heures. L'idée n'est pas d'écrire bien ou mal, ce n'est pas moi le juge, mais d'écrire en accord avec le plan.

Un autre livre que j'ai écrit, celui qui parle de joie, il n'était pas mis en priorité dans mon emploi du temps comme celui-là, mais comme je désirais l'écrire, j'avais fixé comme règle d'écrire cinq jours par semaine, au moins cinq minutes. Ça ne veut pas dire que je n'y consacrais que cinq minutes à chaque fois, sinon j'y serais encore et j'aurais probablement laissé, ça veut dire qu'avec cinq minutes, j'avais rempli le contrat minimal.

Tu décides de la mesure qui vous convient, à toi et au projet

Ce que je veux te dire ici, c'est deux choses :

1. si tu désires ancrer une nouvelle habitude (ou sortir une habitude) dans (de) ta vie, c'est une bonne idée de te fixer une mesure, quotidienne, hebdomadaire, mensuelle, annuelle... bref, la période qui est bonne pour toi ;
2. chaque personne et chaque projet déterminent la taille de la mesure. La taille du pas que tu es prêt à faire et qu'il faut faire aussi pour que le projet aboutisse dans un délai imparti, s'il y a un délai.

Pour ma part, le délai, la fameuse *deadline*, est très aidant dans un projet de transformation.

Le 30 octobre, j'aurai fini d'écrire ce livre. Cette date implique une mesure quotidienne assez conséquente pour inclure les journées où j'anime et les journées où je suis sur la route ; et aussi, pour inclure le temps de relecture et de retravail.

Le 30 septembre, je ferai le point sur « my drinking habit », mon verre d'alcool max par jour. Stop, encore, ou à accentuer ?

Bon, je ne me suis pas fixé de date pour ranger mon bureau (et on voit ce que ça donne) et aussi, je n'ai pas envie de me fixer quarante *deadlines* contraignantes en même temps ! J'ai confiance dans le développement organique de certains projets. Mais pour le changement organique (ça viendra quand ça viendra), vaut mieux ne pas être trop pressé.

Ne soyez pas trop gourmands

C'est la phrase que n'arrête pas de nous dire Minh, mon prof de yoga, au sujet de nos désirs de souplesse, ou de temps que l'on tient dans les postures. Il dit qu'on vient en cours pour débrancher nos pensées, pour éprouver un sentiment de détente, pour supporter mieux notre vie trépidante de Parisiens. Pas pour accomplir un exploit en yoga.

Hé bien ! Il en va de même pour la taille de ton pas – la taille de ta cuiller de travail quotidien. Soit cuiller à café, soit cuiller à yaourt, cuiller à entremets, cuiller à soupe, cuiller pour servir, louche... La mesure que tu te fixes chaque jour doit être une aide pour toi et pour faire le travail, pas une pression inatteignable qui va te faire te sentir mal à chaque fois que tu ne l'atteins pas.

Choisis une mesure qui te paraît juste, et évalue. Si ça colle, tu la gardes ; si c'est trop facile, tu peux augmenter la taille de la cuiller ; et si c'est trop dur, il n'y a pas de honte à baisser la taille de la mesure. Cette mesure est une aide pour toi et le travail, c'est sa principale valeur et raison d'être.

Hé oui ! Prends garde à ta tentation de vouloir fixer des trop grands pas pour toi – à être trop gourmand. On aime tous se fixer des défis un peu foufous... et notre ego préfère souvent la révolution ou l'énorme saut à une quantité de petits pas faisables sans effort inconsidéré, et à un rythme consistant.

De la même manière qu'avaler une cuiller à café est moins dur à avaler qu'une louche, un petit pas fait moins peur qu'un grand. Au pire, si ce petit pas ne te suffit pas pour une journée, tu peux en faire deux !

C'est toujours mieux de commencer petit et d'augmenter la cadence que le contraire. On est plus fier, plus content de soi.

La magie des « juste cinq minutes »

À propos de taille de cuiller, dont notre ego répugne à choisir la plus petite, car ça le vexe, mais en même temps il nous explique souvent qu'il n'a pas le temps (c'est d'ailleurs ce qu'il m'explique sur tous les tons concernant le rangement de mon bureau), une parade magique, quand la partie Simplet de toi désire vraiment faire advenir un changement, c'est de lui dire : « Je ne m'y consacre que cinq minutes. »

Ce « juste cinq minutes » fait merveille, car rarement ton ego (ni ton énergie qui parfois chancelle) n'y trouvera à redire. On a toujours le temps pour cinq minutes ! Suffit de moins regarder Instagram ou Facebook ou de moins houspiller ses enfants... et hop, cinq minutes pour ranger le bureau.

Évidemment, ce « truc des cinq minutes » fonctionne parce qu'en réalité, c'est « cinq minutes et plus si affinités ». Si au cours de mon rangement je me rends compte que ça me donne de l'énergie et que j'avance super-bien, j'aurai envie d'y passer une heure plutôt que cinq minutes. C'est d'ailleurs ainsi que j'ai écrit le livre sur la joie, en y passant certains jours cinq minutes parce que je n'avais pas beaucoup de jus pour écrire, et certains jours toute la matinée ou l'après-midi parce que l'écriture coulait bien.

Et hop, dans le sac.

*

Et toi, mon lecteur, quelle règle pourrais-tu imaginer pour ton projet de changement ? Quelle période, quelle mesure, quelle heure ?

SAVOIR ADAPTER SON PAS

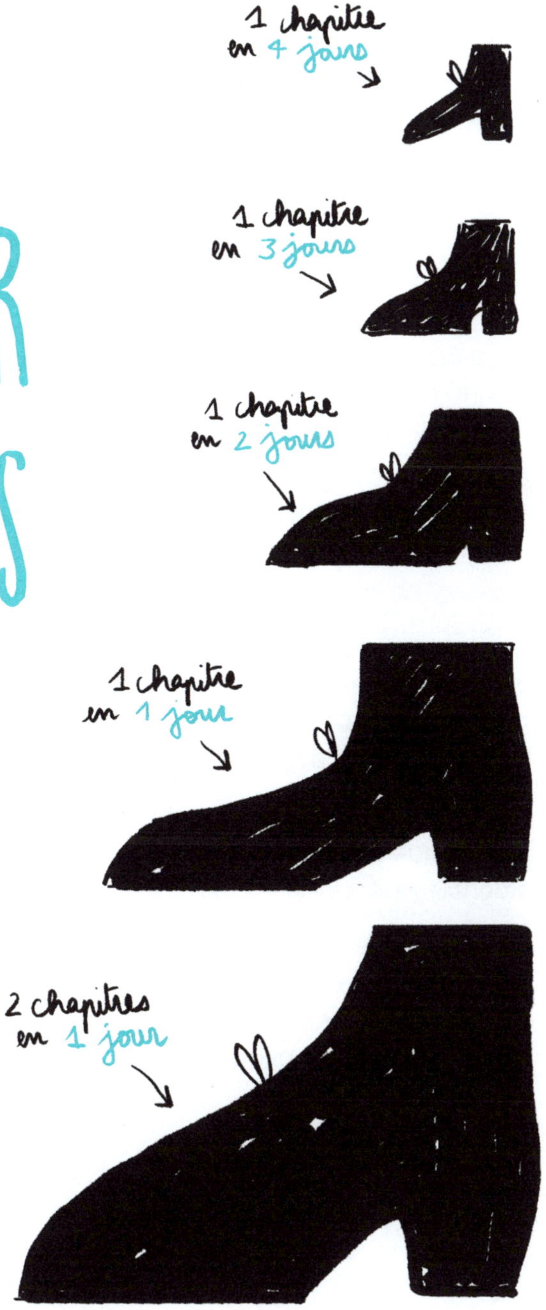

D

DÉVELOPPER

Encourage-toi avant coup

Loup gris, loup blanc

« Savais-tu, demande la maman à son petit garçon, qu'en chacun de nous cohabitent deux loups : un loup gris et un loup blanc. Le loup gris nous dévore et nous réduit en pièces ; le loup blanc nous élève et nous élance, et nous emmène vers notre partie divine.

– Lequel de ces deux loups est le plus fort ? demande le petit garçon.

– Celui que tu décides de nourrir, répond la maman. Celui que tu décides de regarder, d'écouter, d'honorer. »

Je ne sais pas pour toi, cher lecteur, mais moi, je suis souvent assaillie par des phrases prononcées par mon loup gris. « T'es moche, t'es grosse, t'es nulle, tu te gâches, tu écris des banalités, ça va intéresser qui ? » Ce genre d'amabilités. Qui sont vraies.

Et pas plus vraies que « T'es belle, t'es fine, t'es brillante, c'est épatant tout ce que tu accomplis dans ta vie, tu écris et imagines des choses qui aident les autres et les intéressent, il y en a même qui en redemandent ».

Et tu vois bien qu'un type de phrases encourage à se tenir droite et à avancer dans la vie, tandis que l'autre incite à se ratatiner et à ne même pas essayer (à quoi bon, hein, si je suis moche et grosse et que je n'écris que des nullités !).

Je donne de la valeur et de la puissance à mon désir.
Je suis inestimable
J'aime et je suis aimé
Je suis fidèle à ma joie
À présent
Je récupère mon énergie
Je guéris
Je suis guidé et protégé
Tout est bien
L'abondance vient à moi
Je suis sur le bon chemin

Si je suis déterminée à faire

Hé bien ! J'aurais besoin d'un bon viatique qui m'aide à me mettre en route et à poursuivre ma route (parce que c'est déjà pas si facile de me transformer) plutôt que de bâtons dans les roues.

Ces viatiques – les phrases encouragements, sortes d'antidotes – ont un nom : les « mantras ».

Leur utilité, c'est de nous encourager ; elles servent à désactiver les paroles rabaissantes, humiliantes, décourageantes du loup gris (qui peuvent être celles d'un professeur, d'un partenaire, de l'un de nos parents, d'une figure d'autorité ou même d'un inconnu), paroles entendues dans notre passé plus ou moins lointain et qui nous ont marqués, ont laissé en nous leurs griffes, leur venin, une cicatrice dévastatrice. Dévastatrices et prégnantes, les paroles, au point que nous les avons internalisées et que nous n'avons à présent plus besoin de personne pour nous les servir. Nous nous les servons très bien nous-mêmes.

C'est pour contrer cet ennemi intérieur redoutable, que j'appelle ici le loup gris et qui s'appelle aussi le censeur, ou l'ogre ou la sorcière ou le dragon dans les contes de fées, que des sages ont inventé les mantras.

Pour trouver les mantras susceptibles de te venir en aide, il te suffit de prêter attention aux paroles de ton loup gris-censeur, et d'écrire la phrase inverse. Tu ne vas pas la croire du jour au lendemain, cette phrase, mais tu peux décider que c'est la vérité vers laquelle tu désires tendre.

Une liste de mantras pour toi

Je pratique les mantras depuis neuf ans environ. C'est l'écrivaine américaine et spécialiste de la créativité Julia Cameron qui m'y a initiée. Au début je ne croyais pas tellement à leur utilité, mais j'ai appris que croire n'est pas toujours nécessaire pour essayer une pratique. Alors, c'est ce que j'ai fait, j'ai essayé de me dire à moi-même les mantras qu'elle me proposait… et, hourra ! Pendant un nombre suffisant d'heures, j'y ai cru. Et dès que je me les dis pour moi-même, j'y crois suffisamment pour avoir le courage de faire, de changer.

Au fil des années, j'ai remplacé une partie des mantras de Julia Cameron par d'autres phrases qui m'aident à agir : mes mantras à moi, faits à ma main.

Voici mon grand cru de mantras 2020 !

Je prends soin de ma beauté.

Je prends soin de ma vitalité.

Je suis fidèle à ma joie.

Je suis guidée et protégée.

J'aime et je suis aimée.

Je suis sur le bon chemin.

Je rigole bien.

À présent, je guéris.

Je suis une reine.

L'abondance vient à moi de tous les côtés.

Univers, je fournis la quantité. Toi, tu t'occupes de la qualité.

J'ai peur, mais j'avance. J'avance, mais j'ai peur.

I'll be ready when I'll be ready[12].

Lève-toi, prends ton grabat et marche.

Je suis là où je dois être.

12. « Je serai prête quand je serai prête. »

Va avec la force que tu as.

Effata ![13]

Je gagne ma vie avec mes dons.

Je bénéficie des ressources suffisantes pour mon travail et pour ma vie.

Je suis un canal abondant de l'univers. Je donne et reçois.

Je crée de la valeur pour le monde et pour moi.

Je récupère ma puissance.

Je suis bonne dans ce que je fais.

I do work that matters[14].

Il y a un projet de sainteté pour mon travail.

Il y a un projet de sainteté pour moi.

Je rends service avec ma créativité.

Je fais de mon mieux, dans le respect de moi-même, avec les cartes qui me sont données. Le reste appartient à la vie.

Je cultive et fais grandir ma zone de brillance (enthousiasme, action, focus sur les talents).

Je commence par ce qui est facile.

La patience obtient tout.

Je donne de la valeur et de la puissance à mon désir.

Voilà la liste à ce jour. Je l'ai imprimée, scotchée sur le mur rouge de mon bureau, et je la relis à voix haute quand j'ai besoin de m'encourager.

---

13. « Ouvre-toi », en araméen.
14. « Mon travail a de l'importance ». Je ne sais pas pourquoi, celui-là, je le préfère en anglais.

De temps en temps aussi, j'écris mes mantras préférés sur mon bras, je les brode sur des rubans que je noue en bracelet.

La dernière phrase, je l'ai même brodée sur mon sac de plage qui le reste de l'année me sert de sac à linge sale !

*

Si tu as envie d'essayer, choisis parmi ces phrases les cinq qui t'attirent le plus ou, au contraire, celles dont tu te dis : « Celle-là, ce n'est pas du tout pour moi. » Puis, pendant une semaine, ou un mois, ou le temps qui te paraîtra juste à toi (mais en deçà d'une semaine, c'est pas beaucoup), écris-les chaque jour sur ton cahier. Et regarde comment elles résonnent en toi.

Puis, si contre toute attente (je te dis ça parce que j'ai trouvé dur d'y croire au début), ça te donne plus de confiance en toi, et que tu sens que ce mantra-loup blanc te livre une parcelle de vérité sur toi et ton envie de faire… Hé bien ! Commence à fabriquer et à collectionner tes propres mantras.

Écris-les dans ton cahier, affiche-les sur le mur, prononce-les à voix haute le plus souvent possible, et regarde ce que ça te fait.

D

DÉVELOPPER

Encourage-toi après coup

Tu l'as remarqué, la méthode kaizen se concentre plutôt sur le processus que sur le résultat.

Du collège, je me rappelle du titre d'un livre d'André Dhôtel que nous avions dû lire en cinquième : *Le Pays où l'on n'arrive jamais*. Le livre m'avait ennuyée à périr, et puis j'ai toujours détesté les lectures imposées, mais le titre, quelle poésie ! Et quelle allégorie du résultat, de la perfection que l'on cherche à atteindre, et on s'en approche, mais on n'y arrive pas.

L'autre chose que j'ai apprise au collège est le huit couché, le fameux « vers l'infini » auxquelles certaines suites ou des droites tendent, mais n'y arrivent jamais. Là où se rejoignent les mathématiques et la littérature – là où ma mémoire a retenu une notion importante de ces années largement oubliées.

Cher lecteur, je ne veux pas te décourager à l'avance : il y a bien des résultats qui s'atteignent, des changements qui s'obtiennent. Mais le plus souvent, du moins dans mon expérience, le changement désiré, on s'en approche, mais on y arrive, sinon jamais, au moins rarement ou pas complètement. Et la valeur que ça a, de se mettre en chemin, de progresser, de faire mieux... est supérieure à la perfection où l'on n'arrive jamais (ou presque jamais).

Cependant, une chose est importante, c'est de se voir progresser en direction de son but. Pour ce faire, tu peux mettre en place des indicateurs.

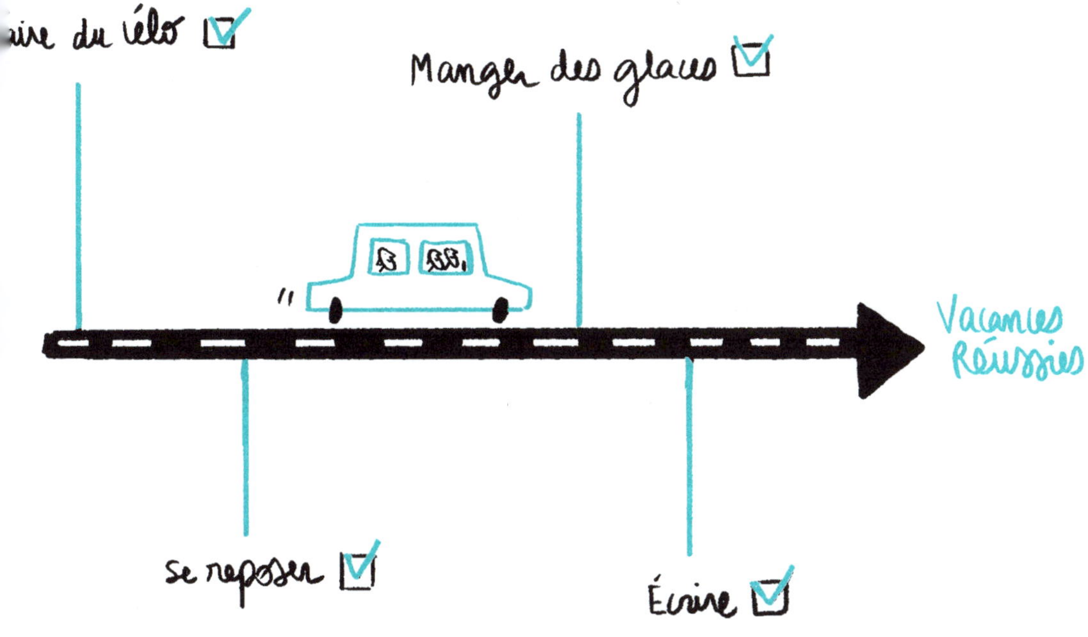
aire du vélo
Manger des glaces
Vacances Réussies
Se reposer
Écrire

Les marqueurs de réussites

Lorsque mon frère arrive en vacances avec sa famille, dans le trajet de la voiture, il demande à ses enfants et à sa femme : « Quels seraient pour vous les marqueurs de vacances réussies ? » Tout ce que sa femme et chacun de ses enfants disent, il le prend en note. Peut-être qu'il leur demande de hiérarchiser, de dire quelles seraient les choses les plus importantes pour lui ou elle... Peut-être aussi qu'il se préoccupe du réalisme des desiderata en termes de temps passé sur le lieu de vacances, de budget, de créneaux horaires... Bref, il y a parfois une petite négociation, mais pas tant que ça car ce qui fait déjà plaisir à chacun, pour que ses désirs soient écoutés, est pris en compte.

À peine arrivé sur place, mon frère organise l'emploi du temps, passe les coups de fil, envoie des textos... Éventuellement en se concertant avec les intéressés, il laisse tomber un objectif ou deux. Lorsqu'il est arrivé à Belle-Île, il avait très envie de faire du vélo, mais comme il était le seul à en avoir envie à ce point, c'était un peu compliqué de bouger le reste de la troupe, donc il s'est dit qu'il ferait du vélo à un autre moment des vacances ou de l'année. Quelle sagesse.

À la fin des vacances, il relit les marqueurs de chacun avec chacun, et c'est très satisfaisant de voir tout ce qui a été fait. Même si on n'a pas tout coché, on en a fait une bonne partie : jubilation. Et il reste des envies pour l'année prochaine : tant mieux.

Construis tes propres indicateurs et rends-les visuels

Quel est le bon indicateur pour voir que l'on progresse ? Je t'ai déjà parlé de mesure, de dose quotidienne (d'alcool, d'écriture) ; pour moi, l'indicateur, ce sont ces doses (atteintes ou pas dépassées). Un chapitre écrit, c'est le succès ; un demi-succès c'est un contenu pour le livre, un encadré ou un chapitre pas terminé par exemple.

Un seul verre bu, c'est le succès, et pas de verre d'alcool bu du tout, c'est bien !

C'est bon de se voir progresser, et de pouvoir mesurer les progrès que l'on fait. Surtout dans les processus de moyen, long terme ; surtout lorsqu'il y a des jours où on échoue à remplir sa mesure. Malgré le pouvoir des mantras et de tout ce que l'on a mis en place pour réussir, il y a des jours, ça ne veut pas. Pouvoir voir chaque jour le chemin parcouru et toi qui progresses sur ce chemin, les jours où ça marche bien, c'est jubilatoire ou pour le moins plaisant. Et les jours où c'est plus dur, ça t'encourage à continuer ou ça te console : « Bon, aujourd'hui j'ai commis un petit écart, mais jusque-là, j'avançais bien. Je n'ai pas l'énergie pour remplir mon contrat aujourd'hui (ou pas la possibilité pour x ou y raisons), mais qu'est-ce que je pourrais faire de plus modeste pour garder vivement le processus ? De quoi j'ai l'énergie aujourd'hui ? »

Hier, je prenais la route pour aller de Belle-Île à Malakoff. Le contrat (que j'ai passé avec moi-même !) disait : « Tu n'as pas besoin d'écrire ce jour-là. » Bon, j'ai quand même écrit dans mon carnet une petite liste que tu vas lire d'ici quelques pages. Au milieu des bagages à boucler, de la maison à ranger, du bateau à attraper, des cinq heures de route à avaler, je n'avais pas le temps de me lancer dans l'écriture d'un chapitre complet, mais pour une petite liste, oui.

Bref, les indicateurs visuels. À quoi servent-ils ? À voir le chemin parcouru : depuis quand, jusque quand. À avoir le plaisir, chaque jour, ou chaque semaine, de cocher, mesurer... ou coller la gommette.

Certains prennent note de leurs progrès sur un tableur Excel. D'autres sur un tableau ou un graphe qu'ils dessinent sur une feuille blanche, ou un grand panneau kraft. Pour ma part, j'ai deux manières visuelles de noter mes progrès :

1. le bilan que je fais chaque soir, sur ma journée (ou chaque semaine, sur ma semaine). Là, je me reconnais en progession, je reconnais que j'ai essayé et plus ou moins réussi, ou essayé et fait le job ;
2. la gommette que je colle dans mon agenda : pour l'écriture de ce livre, j'ai écrit un chapitre, je mérite la gommette. En vrai, je fais même « j'ai écrit, je colle la gommette », même si je ne suis pas arrivée au chapitre complet. Parce que je salue l'effort, le processus. Et je n'ai pas de demi-gommettes !

Voir tes progrès, passer du temps, même une minute, à les regarder, à les analyser, à dire : « Bon, ce n'était pas facile, mais je l'ai fait », ou au contraire : « Aujourd'hui, les doigts le nez », ça aide. Et de voir aussi que, facile ou pas facile, chemin faisant, on avance, c'est très gratifiant. Tes yeux suivent la progression de l'indicateur, et ton cœur se réjouit de cocher la case, de coller la gommette, de marquer le chiffre. Et la perspective de remplir l'indicateur te met en joie au moment d'agir, au moment où c'est difficile d'agir ou de te refréner.

Aujourd'hui, j'ai deux questions pour toi, cher lecteur :

Quel serait, quels seraient de bons indicateurs du changement que tu désires opérer dans ta vie ?

Quelle forme visuelle pourrais-tu donner à ces indicateurs et à tes projets ?

Bonne réflexion !

D

DÉVELOPPER

Accueillir les imprévus de la route

Et si, dans le courant de l'action, les choses ne se passent pas comme prévu ? Si elles ne se passent pas, vous avez compris que j'aime parler et écrire en anglais, « according to the plan »[15] ?

Dans mon autre métier, la formation d'adultes, le plan, c'est le programme (ce qu'on va faire) et c'est aussi le cadre (dans quel état d'esprit, comment on va le faire). En formation, ou en coaching, le cadre, c'est l'ensemble des conditions destinées à favoriser le fait que chaque participant et l'animateur se sentent en sécurité et puissent tirer profit au maximum du travail commun. On peut le définir aussi en termes d'autorisations et de protections.

Le cadre, deux écoles

En matière de cadre, il y a deux écoles.

Nous, les coachs, et les formateurs, on aime bien fixer le cadre en amont, le plus tôt possible dans la relation. L'animateur et les participants ont tous les deux la responsabilité de dire ce dont ils ont besoin pour que ça marche pour eux. Et l'animateur est le garant du cadre : il est responsable du fait que le cadre soit fixé, tenu, qu'il évolue le cas échéant. Fixer le cadre en amont et noter son contenu de manière à ce qu'il soit toujours visible aide à s'y référer et à pouvoir recadrer pendant l'intervention ceux qui en sortent. Et cela arrive tout le temps parce que ce n'est pas facile de tenir le cadre. Avoir fixé ensemble et

15. D'après le plan.

affiché les règles du jeu permet à tout le monde de savoir « à quelle sauce il va être mangé », d'être prévenu de ce que l'on attend de lui, de ce qui est permis, de ce qui ne l'est pas.

L'autre école, c'est : « On verra plus tard » ; ou, pour citer Elie, ma maman chilienne (la femme qui m'a accueillie chez elle pendant six mois quand j'habitais à San Bernardo, dans la banlieue de Santiago du Chili), « caminando se ven las cosas ». En chemin, on verra bien ce qui se passe.

On verra, on voit toujours. C'est impossible de savoir à l'avance qui va se passer au cours de l'action, les incidents de la route, le frottement du caractère.

Mais savoir à l'avance comment il était attendu de moi que je contribue à la vie de la maison chilienne, cela m'aurait aidée. Financièrement et matériellement, il est important de se mettre d'accord sur un *modus operandi* : tu nous aideras pour le ménage, nous avons besoin de x milliers de pesos par mois pour rentrer dans nos frais, par exemple. Ça aurait dû être évident que je les aide pour le ménage et réévalue ma participation au bout de quelques semaines. Mais ça ne l'était pas et je n'ai pas bougé le petit doigt, et ils ne m'ont rien demandé, mais m'en ont fait le reproche.

Quand on sait les choses à l'avance, on peut dire oui, on peut dire non, on a la latitude de négocier, on peut décider en connaissance de cause d'entrer ou de ne pas entrer dans la relation. C'est le propre d'un contrat !

Vous avez compris quelle école je préfère, dans quelle école je me sens en sécurité. Quelle école aussi je recommande : prendre le temps de se demander « de quoi j'ai besoin pour que ça marche », et de poser la même question à l'autre, aux autres parties prenantes. Même si cela peut être inconfortable de mettre les pieds dans le plat dans un contexte autre que celui de la formation ou du coaching, où « poser le cadre » est attendu de nous. Et même si le cadre est appelé à évoluer en cours de route, car « caminando, *aussi*, se ven las cosas ».

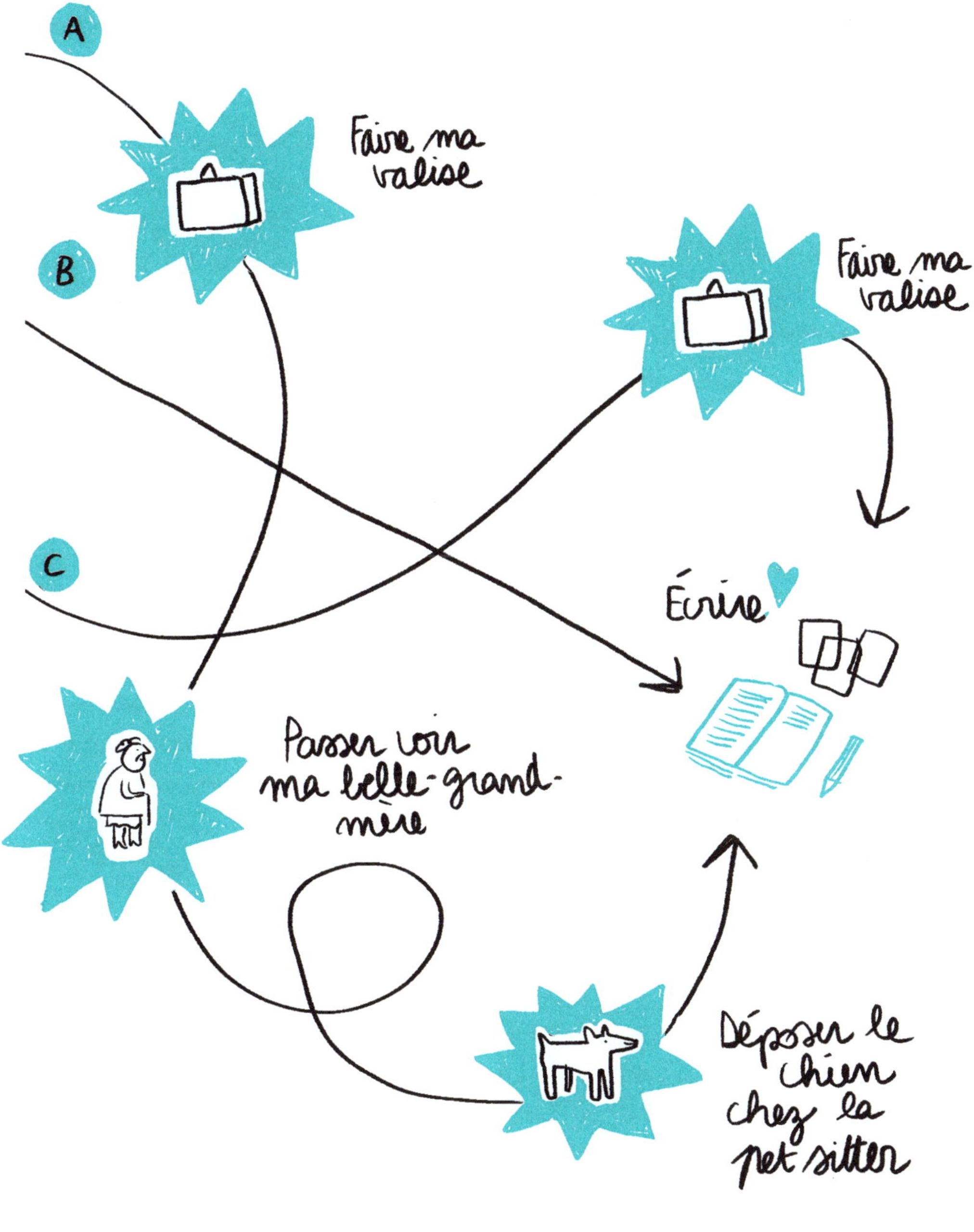
A
B
C
Faire ma valise
Faire ma valise
Écrire
Passer voir ma belle-grand-mère
Déposer le chien chez la pet sitter

Quand le cadre et le plan sont testés par la réalité

« Pour le meilleur et pour le pire, dans la pauvreté et l'opulence, dans la santé et la maladie, jusqu'à ce que la mort nous sépare. » Elles sont nombreuses les situations qui font l'objet d'un contrat, un contrat signé ou un contrat moral. S'il y a un contrat, c'est que la réalité et le temps viennent tester ce que l'on a prévu : nos désirs que ça marche et notre belle entente du début. On ne peut pas imaginer tout ce qui va se passer, *the bumps of the road*[16] – et quel ennui si on savait à l'avance tout ce qui va nous arriver !

Même si on s'appuie sur un plan, même si on a pris soin de poser un cadre ou de rédiger un contrat, on peut être à peu près sûrs que nos précautions vont être chahutées par les événements et par nos caractères qui ruent dans les brancards. Volontairement ou non ! J'ai prévu d'écrire chaque jour pour mon livre ; et dimanche, juste avant de reprendre la route pour traverser la France vers la Corse, nous avons eu une invitée à la maison qui est restée plus longtemps que prévu ; puis nous avons eu envie d'aller rendre visite à ma belle-grand-mère dans sa maison de retraite ; puis je suis allée conduire Hush, mon chien, chez la dame qui va s'en occuper pendant trois semaines ; puis ma fille aînée est rentrée de son camp scout ; et nous devions boucler les bagages... Face à toutes ces activités importantes et que je n'avais pas la possibilité de reporter, l'écriture est passée au second plan.

Et maintenant, on fait quoi ?[17]

Quand la réalité challenge le cadre et le plan, ce qu'elle cherche souvent à faire, une question super simple nous invite à nous décoller un instant de la situation et de l'action en nous demandant : « Et maintenant, je fais quoi ? »

---

16. « Les nids de poule ».
17. C'est encore une question que posait mon client, coach et ami Didier Hauvette, quand survenait un imprévu...

C'est une question que je me pose en permanence, ou très souvent. Dimanche, j'avais prévu d'écrire et toutes ces choses à faire ont surgi ou se sont présentées ; je me suis posé la question : « Alors, maintenant, tu fais quoi, tu écris rapido (après tout, je l'ai déjà fait...) ? Tu ne vas pas voir ta belle-grand-mère (après tout, c'est la grand-mère de mon homme, pas la mienne...) ? Tu fais ta valise en deux minutes (après tout, je l'ai toujours préparée ainsi, en deux minutes) ? Bon, le chien, il n'y avait personne d'autre que moi pour l'accompagner chez sa *pet sitter*. »

J'ai répondu non à tout. Je n'avais pas l'énergie d'écrire rapido. La grand-mère de mon homme, c'est la dernière qui nous reste. Quant à ma valise, j'ai assez payé les valises bâclées, j'avais envie de choisir, de repasser mes habits. Et, bien sûr, d'accueillir avec chaleur et présence ma fille aînée à son retour de camp. Donc, le chapitre a sauté.

Aujourd'hui, en revanche, à peine arrivée sur notre nouveau lieu de vacances, au lieu d'aller me baigner avec toute la famille, je saute dans ce chapitre.

Réajuster, questionner, voir comment je suis le plan. Ou comment je l'adapte. Ou comment je décide que j'avance quoi qu'il advienne : oui, en fait. Mais c'est plus simple et plus juste de confronter la réalité avec une carte, avec un plan, avec un cadre. Le plan est-il « suivable » ? Oui ? Non ? Si oui, comment ?

Et toi, cher lecteur, quel est ton rapport au cadre et au plan ?

As-tu en tête une situation où tu avais fait des plans, et une situation est venue les bousculer ? Quelle décision as-tu prise alors ?

Connais-tu le WOOP ?

La psychologue Gabriele Oettingen a mené pendant vingt ans des recherches sur ceux qui rêvent plus que les autres, les *day dreamers*. Comme le nom l'indique, ils ne se contentent pas de rêver pendant la nuit !

La mauvaise nouvelle, c'est que nous (je m'inclus dans le lot) avons une propension à être moins performants que les autres, ceux qui « daydreament » moins (les pauvres). Son explication : la nature et la richesse de nos rêves nous satisfont si bien que nous n'avons pas besoin de nous donner tout ce mal pour les réaliser. Ni envie de nous coltiner les obstacles inévitables lorsqu'ils surgiront. Rêver nous suffit (et fait couler moins de sueur).

Mais quand même, à la fin d'une vie, c'est un peu décevant.

La bonne nouvelle, c'est que Gabriele et son équipe de chercheurs psy ont modélisé une manière simple de transformer nos rêves en plans susceptibles de se réaliser ; c'est une question de visualisation à l'avance. Mais au lieu de se limiter à la seule visualisation du rêve et de tout le bon qu'il va nous apporter, ça, ce sont les deux premières étapes, Gabriele nous propose aussi de visualiser l'obstacle ou les obstacles qui pourraient surgir, et d'imaginer le plan que nous allons suivre si (quand) cet obstacle se présente.

Cette méthode qu'elle a inventée, c'est le WOOP :

- *W*, comme *wish*, formule ton vœu ! Comme avec la lampe d'Aladin, souhaite une chose qui te tient très à cœur. Frotte la lampe.
- *O*, comme *outcome*, le résultat : comment ça va être, une fois que ton vœu sera réalisé ? Comment vas-tu te sentir, que va-t-il se passer ? Vautre-toi dans ton rêve, et dans tout le bon que va t'apporter sa réalisation. Cette étape a pour mérite d'augmenter les enjeux, oui, ça vaut la peine qu'il se réalise ! Et même de faire quelques petits efforts pour cela.

- *O*, car le deuxième O arrive et c'est là où ça se corse : O comme *obstacle*. Quels obstacles pourraient (vont certainement) se dresser entre toi et ton rêve ? Là aussi, détaille et soit exhaustif.
- Enfin arrive la lettre *P*, comme *plan* (on en revient toujours au plan !!!). Programme ton cerveau comme un programme informatique : « Lorsque l'obstacle surgira, voilà ce que je ferai. » Que feras-tu ? Que pourrais-tu faire ? Regarde-toi le faire.

Cette partie *P* du WOOP est ma préférée. Elle nous montre dans quelle mesure les rêves que nous nourrissons dépendent de nous, ou pas. Elle nous montre aussi à quel point nous sommes motivés pour réaliser ce rêve. Et, éventuellement, qu'en fait, nous ne sommes pas prêts à faire tout ce qu'il faut pour le réaliser – et que peut-être, dans ce cas-là, nous pourrions libérer ce rêve, et nous libérer de ce rêve, le laisser tomber et ainsi retrouver de l'énergie pour commencer à rêver d'autre chose.

Et si le rêve ne dépend pas du tout de nous et que les conditions ne sont pas près d'être réunies, peut-être aussi faut-il le laisser tomber, ce rêve, pour aller se fixer sur un autre.

L'autre chose de très « beau » dans le WOOP, c'est que le fait de passer du temps avec son rêve, et de visualiser l'obstacle avant que celui-ci se produise, nous permet, lorsqu'il surgit, de nous frotter les mains et de lui dire : « Ah ! ah ! Je t'attendais, toi ! » Comme nous avons un plan – des munitions ! –, nous ne sommes pas pris au dépourvu. Évidemment, à nous de trouver la force pour appliquer ce plan... Mais si nous avons fait le travail, de nous demander quel sera le résultat du rêve, de passer du temps avec notre rêve, alors nous serons plus forts pour trouver la volonté d'agir alors même que c'est inconfortable. Et ça risque de l'être – sinon, quelle serait la valeur de tout ce que nous réussissons « dans le monde réel » ?

D
DÉVELOPPER

Donne-toi des ailes

Au moment de t'écrire ce chapitre, je veux que tu saches qu'il y a en moi deux courants qui s'affrontent. Le premier courant a peur d'être ridicule, que je passe pour une superstitieuse, non scientifique, simplette – et de me discréditer totalement à tes yeux. Le second a promis qu'il allait donner son maximum, tous ses outils vivants, vibrants, fonctionnels, pour opérer une transformation graduelle et en douceur – et réelle.

Tu rigoles pas, hein ?

Mon perspicace, tu l'as deviné, c'est le deuxième courant qui gagne, sinon je ne serais pas en train d'écrire ce chapitre. J'ai envie de te demander : « Tu rigoles pas, hein ? », comme si j'étais une petite fille sur le point de confier un secret un peu honteux à une personne en qui elle a confiance. Bon, tu rigoles si tu veux, je ne serai pas là pour y assister... Mais essaie un peu ce dont je vais te parler maintenant, et on verra si tu rigoles encore. J'en profite d'ailleurs pour te répéter qu'il n'est pas nécessaire de croire qu'un outil, un remède, un bout de ficelle va marcher pour l'essayer. Et ce n'est pas la peine d'y croire pour que ça marche. En revanche, s'il n'est pas nécessaire de croire, il est nécessaire d'essayer pour que ça ait une chance de marcher !

Comment je me donne des ailes cet été ? Alors, déjà, j'ai la chance de me trouver dans des endroits magnifiques avec des personnes aimées. Il y a aussi l'écriture de ce livre qui agit sur moi comme un baume de joie et fierté, un baume stabilisateur, et qui est une merveilleuse manière de structurer mon temps. Et j'ai mis en place une dernière petite chose à laquelle j'attribue une bonne part du succès de ces semaines de vacances.

Cette « dernière petite chose » (tu ne rigoles pas, tu promets ?), c'est le *cosmic committee*. Il s'agit de nommer à l'avance (en l'écrivant pour t'en rappeler et les retrouver) une batterie d'anges qui vont t'aider à accomplir une certaine tâche ou vivre au mieux un certain moment.

Tu vas me dire que je demande déjà de l'aide à un plan, de l'aide et des pensées à mes amis... Oui, c'est vrai. Et c'est précieux et terrestre. Ce qui est beau avec le *Cosmic Comittee*, c'est le sentiment puissant de m'en remettre à une instance céleste.

Jusqu'à présent, j'ai nommé des *cosmic committees* pour des vacances avec un potentiel tensiométrique élevé, parce que, par exemple, nous allions être nombreux sous un même toit, ou pour des objectifs de carrière.

Comment constituer un *cosmic committee* ?

Avant un moment ou une période que je charge d'émotions et d'enjeux :

- je me demande ce dont j'ai peur, ce que je désire (qui est souvent l'envers de la peur, mais pas uniquement), ce dont j'ai besoin en ce moment ;
- puis je nomme un ange chargé de chaque désir, de chaque besoin et de chaque peur ;
- j'essaie de lui trouver un nom chargé de ma propre poétique ;
- je note tout parce que j'aurai besoin de m'y référer une fois de temps en temps, alors si j'oublie quelqu'un, c'est un peu désordre.

Pour moi, l'ambiance des vacances est très importante ; peu m'importe de partir au bout du monde dans des paysages magnifiques. Si je ne me sens pas aimée, connectée, énergique, j'aurais aussi bien fait de rester à la maison pour m'occuper de mes plantes et de mon chien. Ces vacances, j'avais envie qu'elles soient harmonieuses et enthousiasmantes. Voilà pourquoi j'ai constitué ce *committee* avant les dernières vacances.

Premier ange, l'ange du ressort du matin. J'ai remarqué lors de plusieurs étés précédents que, moi qui suis plutôt du matin, j'ai du mal à me lever en vacances tout simplement parce que je n'ai pas de but précis. Bon, alors, comme j'aime être en forme le matin et me lever comme un ressort, j'ai appelé cet ange (qui m'a conseillé d'emporter ce livre à écrire en vacances, et, en effet, ça a été un ressort pour me lever le matin de savoir que j'allais dans la journée consacrer entre une heure et cinq heures à l'écriture).

L'autre ange à qui j'ai demandé d'intervenir, c'est l'ange du kinomichi, l'ange de la juste distance entre les êtres. À la fois pour mettre mes limites et respecter celles des personnes avec qui je vis en vacances, et aussi pour bien me rappeler que je suis responsable de ressentir ce que je ressens... et pas ce que ressent l'autre.

Ensuite, j'ai appelé l'ange des rencontres enthousiasmantes, parce que si ce n'est pas en vacances que je prends le temps de mieux connaître ceux avec qui je vis, ou de m'ouvrir à d'autres personnes... ce sera quand ?

Puis, j'ai demandé à l'ange de la lenteur et de la sensualité de veiller à ce que j'aime et honore mon corps. À moi les amples robes dos-nu, à moi les beaux savons odorants, à moi le rythme alangui.

Enfin, j'ai demandé à l'ange de l'*effata* l'ouverture du cœur, d'ouvrir mon cœur et mes yeux, et mes oreilles, et de m'aider à faire tous ces petits pas de côté nécessaires pour dénouer les crispations.

Ça fait du monde assis autour de la table. Mais personne n'est en trop. Et, bien sûr, je prévois un *cosmic committee* pour m'assister dans ma rentrée professionnelle. Je m'aperçois en effet que les *cosmic committees* sont spécialement efficaces lorsque je les nomme pour une période donnée : les vacances ou de la rentrée à mon anniversaire le 4 novembre ou de mon anniversaire à Noël.

L'ange de la juste distance
L'ange du ressort du matin
L'ange de la lenteur
L'ange de l'ouverture du coeur
L'ange des rencontres enthousiasmantes
J'ai besoin de vous.

Quand et comment je m'y réfère ?

Un *cosmic committee*, c'est comme un comité de direction : c'est bien de le nommer, et lui demander conseil régulièrement. Ou l'appeler à l'aide, carrément, quand on se sent dans la mouise. Donc, c'est ainsi que j'ai procédé pour activer mon *comittee*.

Dans les premiers jours après sa nomination, je relis plusieurs fois la liste des anges, leur nom, leur fonction, pour les entrer dans ma tête. C'est pour ça que c'est important de noter la liste à un endroit accessible. En fait, je note cette liste deux fois : une fois dans mon carnet qui me suit partout, et une fois sur un papier accroché sur le mur de mon bureau. Je parle d'eux aussi autour de moi, à mes copines, sur mon blog – car même si j'ai peur qu'on me traite de superstitieuse mon expérience sait que plus je partage ce qui me rend vivante et plus ça l'active, renforce son effet en moi. Et en plus, je peux en inspirer et en aider d'autres !

Régulièrement, le matin, je les appelle à moi un à un et je leur demande : « Bon, les anges, vous veillez sur moi, je compte sur vous ? »

Ensuite, quand j'ai eu une décision difficile à prendre (en l'occurrence, est-ce que je travaille ou pas avec une cliente avec qui mes relations ne sont pas très respectueuses), je relis ma liste des anges de boulot : travailler avec elle contenterait l'ange qui veut mettre de l'argent dans ses rêves, mais mécontenterait l'ange qui veut des relations chaleureuses et respectueuses, et celui de la fierté de mon travail. Deux contre un, je refuse sa proposition. Ou bien, quand j'ai eu un nœud relationnel, je leur demande leur aide. Par exemple, lors d'une dispute avec mon mari ou pour m'aider à me rapprocher de ma fille aînée. La dispute s'est terminée beaucoup plus rapidement que d'habitude et m'a moins affectée, et avec ma fille, l'ange de l'*effata* m'a montré une piste géniale.

Et je n'oublie pas de les remercier le plus souvent possible, notamment à la fin d'une période, de la semaine, des vacances... qui, en ce qui me concerne, ont été belles.

En vrai, mon lecteur, je ne suis pas sûre et certaine que les anges existent. Mais il me plaît de croire que si.

Ce dont je suis sûre et certaine, c'est que les périodes où je me demande avec profondeur et soin ce que je désire et ce que je crains, où je demande de l'aide à l'univers et pourquoi pas à des anges, et si je suis vigilante à appeler souvent ces anges bien spécifiques, qui reflètent à la fois mes désirs, mes valeurs et ma poétique, comme critère pour prendre des décisions ou aident pour avancer dans les turbulences... hé bien ! Je suis meilleure et plus sage, et la période donnée se passe de manière beaucoup plus heureuse.

À ce stade, si tu veux essayer le *cosmic committee* (comme dit ma cousine, toute aide est bienvenue), je te propose de procéder en quatre étapes :

- délimite un territoire ou une période de ta vie pour lesquels tu aurais besoin d'un coup de main ou que quelque chose change (tes vacances, ton développement commercial, ta vie sexuelle, trouver un nouveau boulot...) ;
- à propos de ce territoire, nomme tes peurs et tes désirs ;
- transforme chaque désir ou peur en ange. Sans oublier de les noter, t'as compris que je suis une obsédée de l'écriture !
- enfin, invoque tes anges le plus souvent possible, pour leur dire bonjour ou pour leur demander quelque chose de précis. Et n'oublie pas de les remercier à la fin de leur mission, même si tout n'a pas été parfait.

C
CONTRÔLER

Comment ça s'est passé ?

Ça y est, ça y est, ça y est ! Tu l'as fait. Imparfaitement, peut-être ; à moitié, peut-être ; avec des difficultés à suivre le plan, peut-être. Mais tu t'es lancé et tu as tenu la barre et ton projet de changement, un pas après l'autre, tu l'as honoré de ton mieux.

« Je fais de mon mieux dans le respect de moi-même, avec les cartes de l'instant, le reste appartient à la vie. »[18]

Cette phrase m'aide à agir. Elle m'aide à accepter le fait que mon action est une partie de ping-pong avec la vie. Elle m'aide à accepter l'imperfection de mon geste, elle m'aide à être à la fois humble – l'action se situe dans un cadre et des conditions dont la maîtrise m'échappe en partie – et redressée – je me respecte, je ne suis pas prête à accepter ni à faire n'importe quoi.

Il ne m'échappe pas que le paragraphe que je viens d'écrire aurait sa place dans la partie « Développer ». De même que les indicateurs dont je t'ai parlé plus haut auraient eu leur place ici même, dans la partie « Contrôler » que nous venons de rejoindre. C'est que le contrôle, la vérification, encourage le développement ; et l'humilité face à l'action et à l'imperfection de l'action nous aide à regarder en face le résultat de cette action. Pas pour nous en contenter nécessairement, mais pour envisager avec lucidité ce qu'il convient de garder ou de réajuster dans ce mouvement.

18. Agnès Ledig, *Pars avec lui*, 2014.

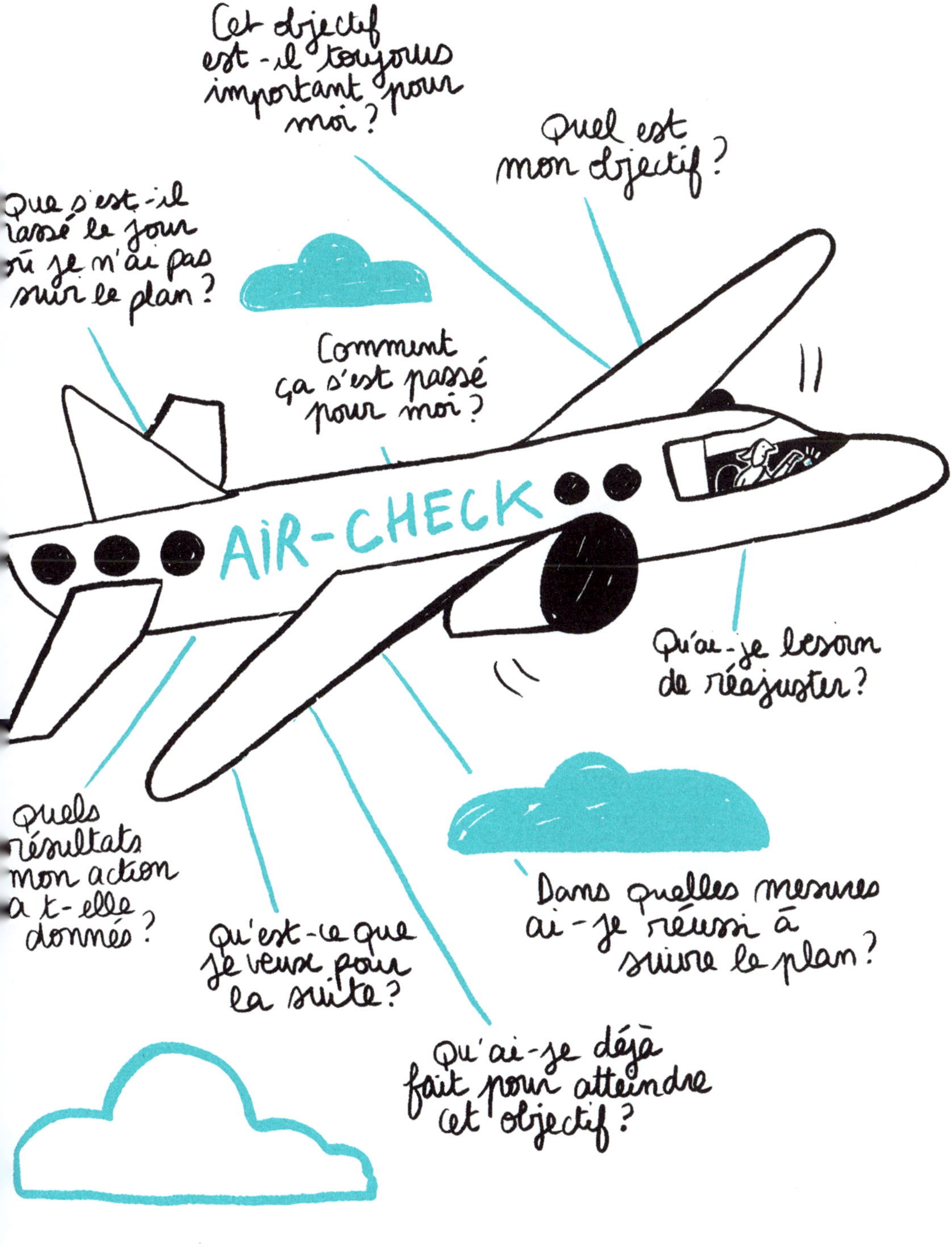

Cet objectif est-il toujours important pour moi ?
Quel est mon objectif ?
Que s'est-il assé le jour ù je n'ai pas suivi le plan ?
Comment ça s'est passé pour moi ?
AIR-CHECK
Qu'ai-je besoin de réajuster ?
Quels résultats mon action a t-elle donnés ?
Dans quelles mesures ai-je réussi à suivre le plan ?
Qu'est-ce que je veux pour la suite ?
Qu'ai-je déjà fait pour atteindre cet objectif ?

Ma manière de faire depuis quelques années, c'est de vivre l'action en sandwich : un moment, je réfléchis à ce que je vais faire ; un moment, j'agis en suivant le plan ; un moment, je regarde ce que j'ai fait et j'évalue.

Et donc, dans cette fameuse méthode PDCA que nous avons décidé d'explorer toi et moi, il y a d'abord le Planifier (je regarde ce qui cloche et je décide des actions correctives à mener), puis le Développer (j'agis le plus possible conformément au plan préétabli), puis le Contrôler (je regarde comment ça s'est passé). Avant d'ajuster ce qui doit l'être.

Un temps pour se décoller de l'action

« Dieu vit que cela était bon. »

Livre de la Genèse

Comment j'arrête ce truc ?

Ce n'est pas toujours facile de s'y mettre, à l'action génératrice d'un changement, ni à l'action tout court, d'ailleurs. Mais une fois que l'habitude est prise, une fois que le mouvement est enclenché, la difficulté peut être de s'arrêter de faire. Hé oui ! Je suis partie dans mon élan, dans mon mouvement, ça y est, après avoir eu du mal à y entrer… je peux avoir du mal à en sortir.

L'énergie cinétique (du grec *energeia*, « force en action », et *kinesis*, « mouvement ») est l'énergie qu'a un corps par son mouvement au regard d'un objet ou d'un référentiel donné.

Arrêter ce truc, un vélo qui roule, une voiture lancée, par exemple, consiste à absorber l'énergie cinétique ; c'est le travail des freins. Et comme tu l'as remarqué, les freins ont besoin d'un laps de temps et de distance pour parvenir à arrêter le véhicule.

J'ai bravé les forces d'inertie et mon mouvement ne veut plus s'arrêter. Je ressens cela très fort à la fin d'un projet, à la fin de quelques jours de marche, par exemple. Passés les premiers moments d'inconfort, « comment j'entre dans ce nouveau rythme très fortement dédié ou coloré par une principale activité ? », je finis par trouver très confortable d'avoir ma journée entraînée, tirée par une principale activité ; en l'occurrence, marcher, mais je te promets que lorsque je vais arrêter l'écriture de ce livre, soit parce qu'il sera terminé, soit parce que le délai demandé par l'éditeur sera atteint, et que voilà je vais le rendre... ce « dialogue » avec toi me manquera beaucoup. Je me sentirai vide pendant plusieurs jours, voire semaines.

Concernant le mouvement qui n'arrive pas à s'arrêter, les inventeurs du chemin de Saint-Jacques-de-Compostelle ont prévu que ce long pèlerinage de plusieurs semaines, mois, années, pouvait être difficile à arrêter du jour au lendemain... et ils ont prévu que l'on pourrait jouer les prolongations. Voilà ce qu'en écrit Hugues Serraf, écrivain et journaliste, dans un post Facebook, peu après avoir terminé le chemin de Marseille, où il vit, à Fisterra : « Il y a deux types de gens qui font le camino : ceux qui s'arrêtent à Santiago et considèrent que c'est bien suffisant, et ceux qui se tapent les quatre-vingt-dix derniers kilomètres jusqu'à Fisterra, le bout du monde jusqu'*au* XVe siècle, une sorte de pointe du Raz en plus vert.

Moi, j'appartiens à la deuxième catégorie, celle des héros dont on lit les aventures chez Homère et Stan Lee. Je me le suis tapé, le complément optionnel à trois fois trente bornes. Et en sandales de hippie sur le retour par-dessus le marché parce que j'ai des ampoules tellement énormes depuis hier que je ne peux plus mettre mes pompes de marche.

PS : En réalité, il y a un troisième type de gens qui font le *camino* : ceux qui continuent jusqu'à Muxia, après Fisterra, à encore trente kilomètres. Mais ceux-là sont juste des masos... »

Je te rassure, dans le cadre de notre mouvement vers le changement, il ne s'agit pas nécessairement d'arrêter ce mouvement définitivement ni de l'interrompre pendant très longtemps. Juste le temps de se demander : comment ça s'est passé pour moi ? Quels résultats mon action a-t-elle donnés ? Qu'est-ce qui s'est passé conformément au plan, et qu'est-ce qui n'a pas suivi le plan ? Qu'est-ce que j'aimerais, qu'est-ce qui serait juste pour la suite ? Qu'ai-je besoin de réajuster ?

Un temps pour s'arrêter et regarder derrière soi

Mon prof de yoga, Minh, entre deux postures de yoga, nous demande de nous allonger « en étoile » sur le dos et de soupirer et de bâiller et de respirer deux fois avec l'aide des bras (les bras montent lentement le long de mon corps pendant que j'inspire, puis descendent pendant l'expiration). Minh dit que cette attitude de détente, appelée « shavasana » (c'est un terme sanskrit qui signifie « posture du cadavre », sympa le programme !) est la meilleure manière d'intégrer la posture que nous avons faite précédemment.

Je ne sais pas comment ça marche ! Mais ce que je sais, c'est que lorsque je prends le temps de la relecture, je me souviens mieux des périodes écoulées (mes journées, semaines, mois, années), et je goûte mieux ce qui va bien, ce qui me rend heureuse, ce qui a progressé, ce que j'ai appris. Les événements vécus prennent une autre saveur, une saveur mieux différenciée.

Hé oui ! Cela demande un effort de soustraire du temps à la course des jours pour regarder comment on les a vécus. Cela en demande surtout au début du processus, quand on n'a pas encore vérifié à quel point ça nous faisait du bien.

Et pour agir en confiance, pour faire confiance au plan, qui est le bateau sur lequel tu t'embarques, c'est une bonne idée de vérifier de temps à autre si ce bateau est fonctionnel.

Je t'ai parlé de bateau, mais mon père était pilote d'avion, pour son plaisir. Le petit Piper ou Cessna nous servait principalement pour arriver plus vite en vacances. Avant chaque vol, les pilotes vérifient que leur avion est en état de marche et ils ont une liste très précise pour s'assurer que tous les niveaux, toutes les pressions, tous les bidules fonctionnent. La fameuse *check-list* ! Même quand nous étions pressés d'arriver en vacances, et donc de décoller, Papa ne loupait jamais d'effectuer la *check-list* (en plus d'avoir travaillé sur la navigation et d'avoir vérifié la météo). S'il ne le faisait pas, s'il ne vérifiait pas tous les aspects de l'avion, nous pouvions risquer de nous scratcher.

Le contrôle après l'action et le contrôle avant l'action, ce sont nos sécurités anticrash.

Un temps pour se poser les bonnes questions

As-tu remarqué, cher lecteur, à quel point j'aime les questions ? Les bonnes questions, je précise, celles qui ouvrent la porte de l'âme, celles qui aident à clarifier, à mieux regarder.

Voici quelques questions auxquelles tu pourrais répondre, une *check-list* que je te propose pour t'assurer que ton coucou est en état de te mener à bon port :

- Quel est mon objectif ?
  Se rappeler ses objectifs ne fait jamais de mal.
- Cet objectif est-il toujours important pour moi, en accord avec la manière dont j'ai envie de me sentir et mener ma vie ?
  Parfois, on se perd en cours de route ; parfois, en revanche, l'objectif nous tient bien au corps.
- Qu'ai-je déjà accompli comme actions pour atteindre mon objectif, pour acquérir ou changer cette habitude ?
  C'est une bonne idée de reconnaître ses actions, en quoi tu as été acteur et mobilisé vers ton objectif.

- Dans quelle mesure ai-je réussi à suivre le plan ? Qu'est-ce qui s'est passé conformément au plan, et qu'est-ce qui n'a pas suivi le plan ? Les jours où je n'ai pas suivi le plan, que s'est-il passé ? Les résultats ont-ils été négatifs ou positifs ?
- Comment ça s'est passé pour moi ? Comment je me suis sentie ? Si tu fais tout ce qu'il faut pour changer, et que tu te sens principalement triste ou en colère, ou anxieux, l'objectif n'est peut-être pas le bon, ou tu as peut-être placé la barre trop haut…
- Quels résultats mon action a-t-elle donnés ?
- Qu'est-ce que j'aimerais, qu'est-ce qui serait juste pour la suite ?
- Qu'ai-je besoin de réajuster ?

Comment je me sens après avoir répondu à ces questions ? Plus au clair. Motivée. Fière aussi de réussir pas si mal à résister. Consciente que c'est fragile, que je suis fragile dans mon désir de changer, et que je suis déterminée !

Quand planifier ta session de contrôle ?

Je préconiserais un mini-check quotidien, quelques minutes pour vérifier comment tu vas avec la nouvelle habitude, avec la chose que tu es en train de changer, avec la dose quotidienne, ta mesure quotidienne.

Et ensuite, des points d'étape à un rythme qui te convienne. Peut-être toutes les semaines, tous les dix jours, en fonction de ton amour de l'introspection et de ta capacité à t'arrêter. Toutes les semaines, c'est pratique, car chaque dimanche, chaque lundi, chaque jour qui t'arrange, hop, tu peux décider que tu consacres un petit moment à regarder comment ça se passe.

Et puis il y a « la grande session de contrôle », qui prévoit de passer au niveau au-dessus, d'arrêter ou de continuer sur ce rythme. Ce gros contrôle-là, je l'écrirais toutes les mois. Le temps de voir changer les choses, le temps d'avoir accumulé une masse importante de travail (ou d'abstinence) et de résultats.

Et la somme de tes contrôles t'assure un peu plus que tu es sur la bonne route. Ou, comme un point avec une carte ou un sextant, te permet si nécessaire de réajuster ton itinéraire, ou la taille de tes pas.

Cher lecteur, nous venons, toi et moi, de traverser un gros chapitre, un chapitre important. Je t'ai posé, proposé beaucoup de questions de vérification. Prends celles qui t'appellent et commence si tu le veux à y répondre.

C

CONTRÔLER

La tentation de tout laisser tomber

Je t'ai parlé l'autre jour du *Pays où l'on n'arrive jamais*. Quel titre génial pour un roman destiné aux jeunes lecteurs ! Et quelle réalité compliquée pour un humain que de ne pas atteindre l'objectif qu'il s'était fixé ! Ou même, avoir progressé, mais être loin du compte.

Les grands projets prennent du temps

C'est compliqué de venir à bout de ses démons et de ses particularismes. C'est compliqué, après un mieux, de se voir retomber dans ses vieux démons (et de voir les êtres que l'on aime retomber après un mieux). Et il nous incombe aussi de voir le mieux, de mesurer les progrès, et d'être réalistes quant à l'abandon total de certaines tendances.

Au mieux, cela prend beaucoup de temps. Sinon, c'est un combat de chaque jour. Et parfois, on s'améliore, mais on n'atteindra jamais le niveau souhaité.

Ce n'est pas une raison pour ne pas entreprendre le chemin vers le mieux. Ce n'est pas une raison non plus, pour une fois qu'on s'aperçoit qu'on risque de ne jamais l'atteindre parfaitement, pour l'abandonner.

Il arrive parfois aussi que l'on ait sous-estimé le temps que ça allait nous prendre, de changer. D'acquérir une nouvelle habitude, ou de la perdre. Et c'est normal que nous ayons sous-estimé ce temps : nous ne l'avons jamais fait auparavant...

Je me sens découragée parfois du temps que prennent les choses (d'autant plus que je suis une grande impatiente). Et accepter que je fais ma part, que la vie et les circonstances font la leur. Si je fais le boulot, si je constate du progrès malgré tout, c'est peut-être normal que le changement prenne plus de temps que prévu.

Si tu es fatigué, repose-toi, ne laisse pas tomber

Mon copain le journaliste et écrivain Hugues Serraf a entrepris de marcher vers Saint-Jacques-de-Compostelle. Au bout de trois cent soixante kilomètres, il s'est blessé sérieusement aux tibias (la maladie s'appelle une périostite, elle touche le périoste, c'est-à-dire la membrane qui protège nos os). Deux mois plus tard, soigné, reposé, retapé, il a repris sa marche là où il l'avait laissée et il a terminé le chemin jusqu'à Santiago (et même cent kilomètres plus loin puisqu'il a poussé jusqu'à Fisterra).

J'aime beaucoup cette phrase : « Si tu es fatigué, repose-toi, ne laisse pas tomber[19]. » Il me semble que c'est la même chose avec « la non-atteinte parfaite de l'objectif ». Si je n'atteins pas l'objectif que je me suis fixé, je peux apprendre à me reposer ; à réajuster le tir ; à réajuster l'objectif, qui était peut-être trop ambitieux. Je peux aussi me rappeler que l'objectif premier est de mieux faire ! De me sentir mieux, plus satisfaite de ma vie. L'objectif doit m'aider moi, il est à mon service à moi – et ce n'est pas moi qui suis au service de l'objectif !

19. Ça sonne mieux en anglais quand même alors : *If you get tired, learn to reste, no to quit.*

Si tu es fatigué,
ne laisse pas tomber...
Repose-toi.
01/02
Vitalité = +
14/02
Vitalité = ++
28/02
Vitalité = +++

Je ne suis peut-être pas prête à suivre le plan

Et parfois aussi, donc, je peux me dire : « Tiens, ce n'était pas un bon objectif pour moi, pour le moment. » J'ai ainsi laissé tomber mes limites d'utiliser le téléphone portable après 22 heures. C'est une habitude que je désire changer à terme, parce que limiter la consommation d'alcool me paraît plus important et plus à ma portée ! Les limitations sur le téléphone, c'est un objectif que je remettrai le cas échéant à l'ordre du jour une fois que j'aurai réussi à faire une habitude de consommer peu ou pas d'alcool. Bref, on en reparle fin septembre ! D'ici là, j'espère que mon temps d'écran se sera réduit « de lui-même ». Et oui, cela arrive, un changement qui se produit en douceur et sans que l'on s'en aperçoive. Le rêve !

Entrer dans une démarche de transformation, cela demande une grande bienveillance à l'égard de soi. Bien différente de la complaisance...

Et toi, cher lecteur, quelle est ton attitude quand tu t'aperçois que la transformation à laquelle tu aspires n'est pas aussi rapide, aussi radicale que prévu ?

Quelle émotion ressens-tu ?

Quelles conséquences en tires-tu ?

C
CONTRÔLER

J'adapte le cours de mon action

La relecture, le regard sur nos actions passées est un temps de pause nécessaire après l'action. C'est un regard acéré sur la période écoulée, aimant sur moi et mon désir de changer, lucide sur les résultats donnés par le plan et réaliste sur le suivi du plan, ou non.

Pour définir la conscience et le regard juste sur soi, qui naissent de cette relecture, j'aime l'image du faisceau lumineux précis et doux, qui permet de regarder sans aveugler.

Ai-je suivi le plan ?

Au moment de faire le contrôle, cette relecture de mon action, je vais regarder avec mes yeux grands ouverts dans quelle mesure j'ai suivi le plan, et si je m'en suis éloignée, quand. Le plan est un fil d'Ariane présumé me guider et faciliter mes pas et m'aider à changer. Le plan est aussi supposé être adapté à ma mesure, être réalisable, être mesurable.

- Ce plan-là, tel que je me l'étais fixé, ai-je été capable de le suivre ?
- Si oui, quelles circonstances m'ont aidée à le suivre ?
- De quelles qualités ai-je fait preuve en le suivant ?
- Les résultats escomptés se sont-ils matérialisés ?

Je ne peux, c'est logique, valider si le plan a (ou non) donné les résultats escomptés que dans la mesure où j'ai été capable de le suivre.

Ai-je suivi le plan?
Et pour la suite, qu'est-ce que j'adopte?
Que m'ont appris les sorties de route?
Le plan était-il adapté à mon objectif?
De quelles qualités ai-je fait preuve?
Quelles circonstances m'ont aidé?

Le plan était-il adapté à mon objectif et mes capacités ?

Cher lecteur, il y a, tu t'en aperçois, plusieurs questions à se poser au moment du contrôle. La première, c'est : face à mon objectif, pour l'atteindre, les moyens mis en œuvre (mon plan) étaient-ils adaptés ? À cette première question, je ne puis répondre que si j'ai réussi à suivre le plan.

La deuxième question, je peux la poser si je n'ai pas été capable de suivre le plan. Ce plan était-il adapté soit à mes capacités (psychologiques, physiques), soit à ma motivation, soit à mon environnement ? Parce qu'évidemment, ce n'est pas le même niveau de difficulté de limiter sa consommation d'alcool dans un couvent ou dans une famille amatrice de bon vin et de bons petits cocktails irrésistibles.

Et si j'ai suivi le plan et que je suis crevée, rincée, pas contente, et ce, quels que soient les résultats... il y a aussi quelque chose à réajuster.

La réponse à chacune de ces deux questions me donne des indications sur le fait que je doive ou pas faire évoluer mon plan dans la période de temps à venir.

Que m'ont appris les incidents et les sorties de route ?

En bonne rebelle, en bonne étudiante aussi de l'histoire des inventions, je ne peux pas m'empêcher de ne pas tout à fait suivre le plan. Dans les deux sens, hein ! Soit en plus vertueux (j'écris plus qu'un chapitre par jour, je bois moins qu'un verre dans la journée, par exemple), soit en moins vertueux, pour compenser. Ces sorties de route (jamais très fortes en ce qui me concerne, sinon je laisse assez vite tomber le plan) sont chargées en émotions « différentes » que les jours carrés où j'ai respecté le plan. Culpabilité, fierté, étonnement, conditions différentes, énergie décuplée, qu'est-ce qui m'a permis de faire mieux, ou m'a empêchée de réaliser le travail prévu ?

Ainsi, dans le cas de ce livre, le jour où j'ai écrit davantage qu'un chapitre, j'ai par exemple écrit un chapitre plus un encadré ; ou écrit un chapitre et en parallèle repris, fait des ajouts à un chapitre précédent. Ces jours-là, je me sentais particulièrement reposée, calme, concentrée, et mon cerveau avait travaillé pendant la nuit et m'avait montré plusieurs informations manquantes.

Le jour où je n'ai pas réussi à écrire du tout, il n'y en a eu qu'un, je vous ai déjà raconté l'histoire, c'est le jour où il y a eu dans ma vie des choses à faire encore plus importantes que d'écrire, ce qui n'arrive pas souvent. Jusqu'à présent, j'ai vraiment réussi à mettre la séquence d'écriture en priorité dans mon emploi du temps.

Ces informations, je les garde précieusement pour imaginer la suite et créer le nouveau plan, qui, espérons-le, me conviendra mieux. Ou, pour le dire plus exactement, conviendra mieux à la moi telle que je suis aujourd'hui. Car l'idée c'est que « la moi d'aujourd'hui » soit un peu « améliorée » (et plus aguerrie, plus capable) que « la moi d'hier ».

Pour la suite, qu'est-ce que j'adapte/adopte ?

Une fois que j'aurai examiné ce qui se passe quand je tiens le plan (au niveau énergétique et au niveau des résultats), je peux décider :

- ce que je garde pour la nouvelle étape ;
- ce que je supprime ;
- ce que je modifie ;
- ce que j'amplifie.

Ou bien je peux aussi me dire : « Ça y est, tu as acquis une nouvelle habitude, tu n'as plus besoin de t'en occuper. » (Et éventuellement décider d'adopter une nouvelle habitude qui attendait sagement que j'aie fini d'adopter la précédente !)

Et toi, cher lecteur, comment te sens-tu par rapport aux sorties de route, aux moments où tu ne suis pas le plan ?

Que t'ont appris tes différentes sorties de route ?

LA BEAUTÉ DE LA VÉRIFICATION

C

CONTRÔLER

La beauté de la vérification

« Quand quelqu'un te montre qui il est, crois-le du premier coup. Les gens se connaissent bien mieux que tu ne les connais. Arrêtons d'attendre des autres qu'ils soient autres qu'ils ne sont. »

Maya Angelou, poétesse et activiste américaine

Voici un dernier petit détour sur le chemin de la vérification. Cette fois, nous allons nous pencher sur la vérification relationnelle et regarder comment elle est susceptible de transformer nos relations, déjà, et nombre d'histoires que nous nous racontons.

S'il y a bien une vérification qui nous transforme, c'est celle que l'on prend le temps d'effectuer auprès des autres. Les histoires que nous nous racontons à propos des autres sur ce qu'ils pensent, sur ce qu'ils veulent, sur ce qui se passe pour eux, sur ce qui leur ferait plaisir... ces histoires, elles sont le plus souvent erronées.

Pourquoi est-ce important de vérifier ?

À 38 ans, j'ai eu l'impression de naître une seconde fois lorsque j'ai fréquenté assidûment deux coachs – deux femmes qui n'étaient pas ma mère, mais avaient avec moi des attitudes « maternantes », ou bien sur lesquelles j'ai projeté mon désir d'une nouvelle maman (même si j'aime profondément la mienne, je suis toujours en quête de mères de substitution). Bref, ces deux coachs, chacune appartenant à un univers professionnel différent, l'une mon amie Emmanuelle et l'autre ma prof de coaching Chine, m'ont introduite à cet univers, la vérification. Et elles m'ont très souvent posé la question : « T'as vérifié ? »

J'ai eu le sentiment de naître une seconde fois, car, soudain, j'ai trouvé une voie pour faire autrement que deviner, ou supposer. J'ai commencé à m'autoriser à ne pas dépenser des charrettes d'énergie mentale à essayer de deviner ce que pense ou veut l'autre, puis des charrettes d'énergie mentale à réparer les conséquences de mon action erronée, sans parler du poids que la personne qui voulait faire plaisir et qui n'a finalement pas fait plaisir fait peser à son entourage.

Et là, je ne te parle que des tentatives ratées de faire plaisir, mais cette histoire de suppositions à vérifier s'applique à de nombreuses autres situations : « Tu ne parles pas beaucoup aujourd'hui » pourrait signifier « Ah ! Tu me fais la gueule », mais non, je suis préoccupé par mon travail ; « Tu arrives une demi-heure en retard » serait « Tu as eu un accident de voiture », « Tu n'as pas envie de rentrer à la maison », non, j'ai juste été happé par un collègue en partant, et on a parlé un moment de choses et d'autres, et ensuite ma voiture a été prise dans les bouchons...

Les histoires que l'on se raconte sont rarement les histoires justes.

À quoi je renonce quand je vérifie ?

Passé la joie de ma seconde naissance, cela m'a quand même demandé du boulot de penser à appliquer à chaque fois cet idéal de vérification. Vérifier que mon idée fait plaisir à l'autre, vérifier ce qui lui arrive quand il est en retard par rapport à l'horaire prévu, vérifier les raisons de son silence. Quelqu'un d'entre nous est-il né bilingue en vérification ? Moi non, et les débuts ont été maladroits.

Je me suis aperçue que la vérification pouvait être ardue, notamment pour les personnes qui comme moi ont grandi autour de l'injonction : « Fais plaisir. »

Quand je vérifie auprès de l'autre ce qui se passe vraiment pour lui, je renonce à l'illusion de tout savoir sur l'autre que j'aime – savoir ce qu'il pense, savoir ce qui va lui faire plaisir, savoir ce qui est bon pour lui, mieux que lui. Et cette illusion de surplomb peut être très fermement ancrée (et procurer un grand plaisir).

Quand je vérifie auprès de l'autre, je renonce aussi à l'effet de surprise. Mais faire une surprise à quelqu'un, cela peut-être, aussi, prendre le pouvoir sur lui... Je renonce à ce pouvoir-là en vérifiant. Hé oui, je renonce à la magie de la surprise.

Quand je vérifie, je renonce aussi à une certaine fluidité, hop ! J'y pense, hop ! Je fais. Sauf que cette fluidité dans la première étape (j'y pense, je fais) peut devenir lourde pour la suite quand il faut annuler les plans qui ne conviennent pas à l'autre, essayer de se faire rembourser, vivre avec un objet qui ne lui plaît pas et le voir abandonné dans un coin...

Quand je vérifie auprès de l'autre, je dois me confronter à la peur que l'histoire que je m'étais inventée à son sujet soit vraie ; ou que sa vraie histoire soit encore « pire » que celle que j'avais inventée ; oui, je m'expose à ce qu'il ou elle me réponde : « Non, ça ne me ferait pas plaisir que tu m'offres cette bande dessinée. »

Quand je vérifie auprès de l'autre, je renonce au drame, au drame de la scène que je me sens autorisée à faire à l'autre au vu de l'histoire (erronée) que je me suis racontée. Mais un peu de drame dans la vie, c'est délicieux, non ?

Bref, vérifier auprès de l'autre que l'histoire que je me raconte sur lui est juste ou pas me ramène à la réalité. Réalité qui a moins de charme souvent que tout ce que je m'étais imaginé ! Et elle me rapproche, m'aide à mieux connaître et à mieux vivre avec cet autre-là.

Comment vérifier ?

La meilleure manière de vérifier, c'est de poser la question. De dire ce qui se passe pour moi et de poser la question à l'autre.

« J'ai envie de te faire plaisir, j'ai pensé à t'offrir cette BD, qu'est-ce que tu en penses ? »

« Je m'inquiète de ton retard, qu'est-ce qui se passe ? »

« Je te vois tout silencieux, est-ce que quelque chose ne va pas ? »

Trouver un moyen de poser la question. Et d'accueillir la réponse, quelle qu'elle soit. Même si elle n'est pas plaisante pour moi.

Ce n'est pas sûr que l'autre me réponde. Ce n'est pas sûr que l'autre me réponde la vérité ! La vérification n'est pas un outil qui fonctionne dans 100 % des cas ni avec tout le monde. *Le pays où l'on n'arrive jamais*, tu te souviens ?

Mais, parfois, la personne importante pour toi te répondra. Souvent, elle te dira la vérité – sa vérité, précieuse à entendre. Et alors, tu devras te réajuster, ce qui n'est pas toujours facile ni agréable, mais au moins tu pourras baser ton action, tes histoires intérieures, tes décisions impliquant d'autres personnes sur des éléments de réalité.

Vérifier, c'est l'une des manières de prendre ma part dans la relation. Ne pas tout prendre à ma charge, mais poser mon désir et rendre à l'autre sa part de désir et de mystère, et tenter de comprendre une partie de ce mystère.

Cher lecteur, que penses-tu de ce principe de vérification ?

Le fais-tu déjà ?

Est-ce facile ou difficile pour toi ?

C
CONTRÔLER

Je célèbre et partage !

Nous faisons tellement de choses imparfaites, tellement de choses ratées, que lorsque nous progressons, lorsque nous réussissons, il convient de le célébrer.

Ma définition du terme « célébrer », c'est « s'arrêter pour reconnaître que l'on a bien travaillé, et s'accorder une récompense, petite ou grande ».

Vertus de la célébration

En France, on n'aime pas trop les crâneurs. Peut-être un peu parce qu'on a peur des jaloux et du mauvais œil ; peut-être aussi parce que la discrétion fait partie de notre culture ; peut-être enfin parce que nous n'avons pas la culture de la réussite, notamment la réussite financière. En cela nous différons des États-Unis ou de la Chine pour qui réussir et le montrer (et en redistribuer une partie) est socialement accepté et encouragé.

Célébrer nos progrès, célébrer les endroits où nous avons réussi, cela a plusieurs vertus, qui n'ont rien à voir avec le fait de se vanter ni avec l'« autocomplaisance ». J'en ai trouvé deux pour commencer, peut-être en verras-tu d'autres...

- Le fait de célébrer un changement réussi, ou un progrès vers une habitude prise ou quittée, envoie un signal à notre cerveau. La célébration le remercie pour le travail accompli, et l'encourage soit à poursuivre cette nouvelle habitude, soit à l'amplifier... Et l'encourage aussi pour la suite, quand nous voudrons acquérir une nouvelle habitude, ou en arrêter une autre.

- Tu ne me crois pas, que ça marche ? Alors, regarde ces enfants dont les parents ne sont jamais satisfaits par les résultats scolaires, ils obtiennent des 18 ou des 19/20 et les parents demandent : « Pourquoi t'as pas eu 20 ? » Si l'un de ces enfants, ça a été toi, est-ce que tu n'étais pas un peu révolté par le fait que tes parents ne te disaient jamais : « C'est bien, félicitations ! »
- *Idem*, si tu revenais avec un 12/20 après un 8/20 à la dictée, ils ne disent pas : « Dis donc, quatre points de plus, tu as progressé ! »
- L'enfant en nous a besoin d'être reconnu et encouragé dans ses efforts et ses progrès. Pas d'être mesuré à l'aune d'une échelle de perfection dont il n'atteindra jamais (ou très rarement) le sommet.
- Moralité : si tu veux continuer à progresser, célèbre tes progrès.
- Une deuxième raison de célébrer tes progrès, c'est de mettre l'accent sur ce qui va bien et ce que tu as réussi. Cela ne veut pas dire que tu n'as pas des difficultés ailleurs et que tu ne connais pas d'échecs. Mais là, l'important est ce qui fonctionne, tu mets la lumière sur tes points forts, sur ce que tu réussis. Et peut-être même, tu peux décider d'accorder plus de temps et d'attention à nourrir et à utiliser tes points forts : les mettre au service de toi et des autres...
- Le psychologue Donald O. Clifton et son collègue Marcus Buckingham, deux Américains, ont dit dans les années 2000 : « On en a assez de réparer les failles des gens, et si on les aidait plutôt à identifier leurs points forts et à s'appuyer sur eux, dans leur vie personnelle et professionnelle ? C'est ainsi qu'ils ont créé le test CliftonStrengths, un questionnaire qui permet à chacun d'identifier ses cinq points les plus forts (parmi trente-quatre profils qu'il a identifiés) et ensuite, charge à nous de nourrir ces cinq points forts et de trouver des situations dans lesquelles les utiliser.

COMMENT J'AIME CÉLÉBRER

Partage et décortique tes bonnes pratiques

Aux enfants qui font quelque chose de bien, les bons pédagogues demandent : « Comment tu t'y es pris ? » Ce questionnement ancre le processus et la bonne pratique, et les aide à le répéter pour lui-même. Expliquer à quelqu'un comment on a fait pour progresser, pour réussir (et s'exposer à ses questions, à son retour) peut inspirer cette personne et lui donner le mode d'emploi de la bonne pratique. Mais surtout, cela nous conduit à décortiquer le processus, la méthode et les conditions qui nous ont aidés à réussir, et en cela, ça l'ancre.

Voilà comment cela fonctionne pour moi : je dis à mon cerveau. Voilà comment je m'y prends pour faire bien (ou faire mieux). Et lui emmagasine et se remotive pour continuer, ou recommencer.

Comment célébrer tes progrès et tes réussites ?

Il y a petites et grandes réussites, mineurs et importants progrès. Tous méritent d'être reconnus et célébrés, et pas forcément avec la même intensité. Une célébration peut coûter ou ne pas coûter d'argent, peut se faire seule ou accompagné : l'important, à mon avis, est de trouver quelque chose qui te fasse plaisir et de renouveler les plaisirs, parce que, sinon, ça s'émousse.

Je veille à ce que ma liste soit relativement accessible et réaliste. Non, je ne vais pas m'offrir une rivière de diamants à la fin de chaque chapitre écrit ! Et je regarde où je suis (la récompense ne sera pas la même si je suis au bord de la mer, à la campagne ou en ville).

Je veille aussi à ce que mes récompenses puissent être vécues seule, ou accompagnée, en fonction de qui est disponible ce jour-là et qui a envie de célébrer avec moi ; mais s'il n'y a personne, hé bien, je ne suis pas triste de célébrer toute seule.

La question à se poser à ce stade est : « Quelles choses charmantes pourrais-je faire pour moi-même pour célébrer mes réussites et mes progrès ? »

Je partage avec toi la liste que j'ai faite (et que je tiens à jour et renouvelle régulièrement, car la nouveauté, la fraîcheur, sont des conditions de plaisir) :

- m'acheter un petit jouet (comme un souffleur de bulles de savon, des pétards clac-doigt, une petite figurine pour mettre sur mon bureau…) ;
- m'offrir une nouvelle plante, une bougie, ou un paquet de bon thé… ;
- appeler une amie, ou ma cousine chérie ;
- faire un câlin à mon chien ;
- coller une gommette dans mon agenda, à la date du jour ;
- me servir une tasse de thé ;
- aller boire un cocktail avec mon homme dans un bar à cocktail ;
- m'acheter un beau rouge à lèvres ou fard à paupières ;
- aller nager dans la mer ;
- aller voir une expo ;
- manger un bon petit truc comme un marron glacé ou une tartine de pain grillé avec du beurre salé et du fromage ;
- écrire sur mon blog ;
- partir marcher en forêt.

Voilà quelques-unes des choses charmantes que je fais pour célébrer mes progrès. Je me pose souvent la question à moi-même : « Qu'est-ce qui te ferait plaisir ? » (Je la pose aussi aux personnes que j'aime, hein !)

Et toi, cher lecteur, comment serait ta liste de choses charmantes que tu pourrais faire pour célébrer tes réussites et tes progrès ?

Notes au moins dix récompenses.

A

AJUSTER

J'ancre ce qui a bien marché

Une fois que j'ai bien regardé, vérifié le cours de mon action et la manière dont s'est déroulé le plan… comment je réajuste le tir ? Comment je m'assure de faire perdurer les comportements « vertueux » mis en place dans la période d'action ?

Nous en sommes arrivés, tu l'as vu, mon lecteur, à la partie Ajuster de notre roue du PDCA : Planifier, Développer, Contrôler, Ajuster. Il est donc temps d'ancrer ce qui marche bien ou prévoir un nouveau cours d'action pour ce qui n'a pas marché.

Allez, on plonge. Comment je repars après avoir fait le bilan de mon action ? Comment j'ancre le progrès perpétuel dans ma vie ? Ça sonne un peu comme un cauchemar, non ? Je vais le dire autrement : comment je m'assure que ce qui a bien marché, je vais le faire perdurer au moins un temps, et ce qui n'a pas marché, comment je le modifie ? Dans ce premier chapitre, je te propose de regarder le côté pile de la médaille, comme tu ancres ce qui a bien marché.

La fille d'or et la fille de cendre

Je me disais que ça faisait longtemps que je ne t'avais pas raconté de conte de Grimm. Celui-là, *Dame Holle* (moi, je l'appelle « la fille d'or et la fille de cendre »), c'était le préféré de mon professeur de contes. Il disait que tout est présence et que le conte de *Damc Holle* illustrait bien cela.

Tu vas me dire, lecteur, que c'est un drôle de métier, que celui de professeur de contes. Jean-Pascal voit dans les contes de Grimm un puissant outil de changement et, pour qui sait les décrypter, une aide pour parvenir au grand accomplissement. Voilà pourquoi ces contes sont si présents dans notre livre…

C'est l'histoire d'une femme qui élève deux filles. Une qu'elle aime, moche et sotte, et l'autre qu'elle déteste, la fille qu'a eue son mari d'un précédent mariage, belle et vertueuse. À sa belle-fille échoient toutes les corvées de la maison, tandis que l'autre se prélasse. Jusqu'au jour où la belle-fille qui filait de la laine avec un fuseau laisse tomber sa bobine dans l'eau d'un puits et, en se penchant pour voir si elle ne peut pas la récupérer, elle tombe dans le puits en poussant un grand cri.

Elle atterrit sur un énorme édredon de plume d'oie. Autour d'elle, une nature riante qu'elle ne reconnaît pas du tout. Des collines, des prairies, vertes et fleuries. Et des arbres remplis de pommes rouges qui lui parlent : « Secoue-nous, secoue-nous, nous sommes trop lourds ! » Elle les secoue, un peu étonnée quand même d'entendre des arbres parler, et les pommes tombent à terre.

Sans même penser à ramasser une pomme pour la croquer, elle continue son chemin sous la haie d'honneur que les pommiers lui font en s'inclinant pour la remercier de sa sollicitude : « Merci ! Merci, la serviable au grand cœur ! »

Elle arrive devant une coquette maison, devant laquelle l'attend une petite femme ronde, entre deux âges, les deux poings sur les côtés :

« Alors, ma fille, tu t'es perdue ? lui dit-elle d'une voix joviale.

– Oui, madame, et je voudrais bien rentrer chez moi, répond notre jeune fille dans un filet de voix.

– Moi, je te vois toute maigrichonne et pâlotte, et je crois que ça te ferait du bien de te retaper un peu avec moi et de reprendre des forces. Je m'appelle Dame Holle. Que dirais-tu de cela ? Je t'offre le gîte et le couvert et, en échange, tu t'occupes de ma maison : tu nourris les bêtes, tu fais les lits, tu prépares mon déjeuner, et une ou deux fois par an, tu n'oublies pas de secouer les édredons par la fenêtre : c'est comme cela qu'il neige sur terre… Et puis quand ta maison te manque de trop, alors tu viens me le dire et je t'indiquerai comment rentrer chez toi. »

La jeune fille réfléchit et se dit que oui, en fait, se reposer un peu de sa belle-mère et de sa sœur ne pourra pas lui faire de mal. Elle accepte avec reconnaissance et se met directement au travail, cuire la pâtée pour les oies de Dame Holle. En attendant qu'elle refroidisse, elle balaie le plancher, récure les sols, fait les lits et met à mijoter une petite blanquette.

Après que les oies et Dame Holle ont dégusté, qui leur pâtée refroidie et goûteuse, qui leur blanquette cuite à point, la jeune fille se trouve libre pour aller se promener dans la campagne, tresser des couronnes de pâquerettes et penser à sa vie.

En quelques jours, la maison de Dame Holle est resplendissante de propreté et des bouquets de fleurs qu'y apporte la jeune fille. Dame Holle a pris un kilo, les oies se dandinent de joie quand elles voient arriver la jeune fille (pour la pâtée et aussi pour ses compliments et pour les tresses de fleurs qu'elle glisse à leur cou au retour de ses promenades).

Et puis, quand vient la saison de faire neiger sur terre, quelle joie de secouer les édredons de plume de Dame Holle et de voir les petites plumes blanches retomber sur notre planète qui pour quelques jours n'est plus bleue, mais bien blanche !

La jeune fille aussi s'est requinquée, remplumée, ses joues ont rosi et elle respire la santé. Aussi étrange que cela puisse paraître, sa maison cependant lui manque, ainsi que sa sœur et sa belle-mère. Elle hésite à en faire part à Dame Holle, par crainte de l'attrister, mais un soir, celle-ci lui demande : « J'ai remarqué que tu étais plus pensive qu'à l'accoutumée. Que se passe-t-il ? » Et la jeune fille lui avoue alors qu'elle se languit de sa maison et de sa famille... Dame Holle, comme toi peut-être aussi mon lecteur, lève un sourcil surpris. « Ah, tu veux rentrer ? J'aurais été très heureuse de te garder auprès de moi et je crois que la maison et les oies en ont autant à ton sujet. Ici, tout le monde t'adore et bénéficie de ta présence... Et je ne sais pas si ce que tu vas retrouver à la maison te rendra aussi bien justice de tous tes dons. Mais une promesse est une promesse, je t'ai dit que lorsque tu te languirais de ta maison, je t'indiquerais le chemin du retour. Viens, suis-moi. Mais avant que tu ne partes, et comme tout travail mérite salaire, je vais te donner ta juste récompense. »

Dame Holle l'entraîne au bord de la rivière. « Je voudrais faire une petite sieste avant de te dire au revoir. Baigne-toi un instant si tu veux, en attendant que je me réveille. » Un peu étonnée, la jeune fille obtempère car elle a appris à faire confiance à Dame Holle. Lorsqu'elle entre dans l'eau, le ciel et la rivière dans laquelle il se reflète prennent une étrange teinte jaune, dorée même... et quand elle en sort, la jeune fille est couverte de fines particules d'or. Dame Holle ouvre un œil, puis les deux, puis sourit et lui dit : « Voilà la récompense de ton bon travail parmi nous. Tout ce que tu toucheras sera irradié de cette fine poussière d'or. » La jeune fille d'or sourit à son tour, se laisse embrasser par Dame Holle sur les deux joues, puis cette dernière la conduit au bout de l'allée des pommiers du premier jour, frappe deux fois dans ses mains, et la voilà de retour dans son village. Elle « atterrit » au bord du puits. Pour rentrer chez elle, il lui faut traverser le village. Tout le monde la croyait morte, et la voilà nimbée d'une aura... une aura dorée. À son passage, le coq se met à chanter « Kikiriki ! Voilà la fille d'or qui nous revient au village ! Approchez, approchez, elle change tout en or sur son passage ! » Les villageois sortent de chez eux et ne peuvent s'empêcher de s'incliner sur son passage. Ils sont éblouis et lui chantent : « Fille d'or, fille d'or, bienvenue au village. »

De retour chez elle, sa belle-mère au début ne la regarde pas, occupée qu'elle est à épouiller sa fille chérie toujours affalée sur le canapé.

« Bonjour, dit la fille d'or depuis le seuil de la maison. Je suis rentrée.

– Ah, te voilà paresseuse ! Où étais-tu passée ? gronde la mère sans se retourner.

– Je suis tombée dans le puits, et ensuite il m'est arrivé tout un tas d'aventures extraordinaires... commence la fille d'or.

– Oui, ben, tu me raconteras plus tard, grogne la mère. Tu as vu l'état de la maison ? (En effet, la poussière a recouvert les meubles en son absence, et des petites pelotes de crasse dansent dans la lumière.) Allez, ouste, attrape ton chiffon et décrasse-nous tout ça. »

La mère ne s'était même pas retournée pour regarder sa fille (sans parler de l'embrasser). Mais son œil est attiré par un halo de lumière inhabituel dans l'entrée. Elle tourne la tête et voit sa fille nimbée d'or. Quant au balai dont elle s'est saisie pour balayer le plancher, il est déjà transformé en or... « Hou là, ma chérie, dit-elle en s'approchant, viens donc t'asseoir un peu avec nous. Tu vas tout nous raconter. »

Une fois que sa fille d'or lui a tout raconté, et qu'elle s'est fait répéter les détails qui l'intéressent le plus, la femme secoue son autre fille et lui dit d'un ton rogue : « Et toi, la pouilleuse, tu comptes prendre racine sur ce canapé alors que ta sœur change tout ce qu'elle touche en or ? Tu vas me faire le plaisir d'aller tomber dans le puits, et *fissa.* »

La fille regimbe un peu (qui a envie de se jeter dans un puits ?), mais quand sa mère a une idée en tête... La mère balance le fuseau dans le puits, pousse sa fille et c'est parti mon kiki.

Un peu étourdie, la fille atterrit sur l'édredon de plume d'oie. Elle frotte son derrière endolori et avance en titubant au milieu des collines, en se demandant : « C'est quoi, cet dendroit ? » Les pommiers remplis de pommes rouges la supplient :

« Secoue-nous, secoue-nous, nous sommes trop lourds !

– Si vous croyez que je n'ai que ça à faire, répond-elle en cueillant une pomme qu'elle croque en poursuivant son chemin entre les arbres qui crient.

– Bouh, bouh, la paresseuse ! La sans-cœur ! Ta sœur, la fille d'or, nous a secoués jusqu'à la dernière pomme. »

Elle arrive devant la maison et trouve, comme lui avait indiqué sa sœur, la petite femme ronde qui l'attend.

« Vous êtes bien Dame Holle, lui demande-t-elle.

– Oui ma fille, je vois que tu as trouvé la maison... Tu étais tellement pressée d'arriver que tu n'as pas trouvé un instant pour soulager ces pauvres pommiers ?

La fille rougit, mais ne répond rien.

– Bon, soupire Dame Holle, j'imagine que tu vas vouloir que je te loge ?

– Oui, madame, si c'est possible pour vous.

– C'est possible pour moi. Je t'offre le gîte et le couvert et, en échange, tu t'occupes de ma maison : tu nourris les bêtes, tu fais les lits, tu prépares mon déjeuner, et une ou deux fois par an, tu n'oublies pas de secouer les édredons par la fenêtre, afin qu'il neige sur terre... Puis, quand tu voudras retourner chez toi ou que j'en aurai assez de toi, alors je t'indiquerai comment rentrer chez toi. Ça te convient ?

– Ça me convient, répond la fille avec un sourire en coin.

– Alors au travail ! lui dit Dame Holle. Il y a tous les lits à faire dans la maison. »

La jeune fille obtempère, mais elle a plutôt envie de se reposer un moment, et voyant que Dame Holle a le dos tourné, elle s'endort sur son lit. Elle est réveillée par les cris des oies qui ont faim. Elle se lève en grognant, allume le feu, tant pis pour les lits qui ne sont pas faits, et verse à la va-vite des graines pour les oies dans une marmite d'eau bouillante. Elle la leur jette dans la cour ; les oies se jettent dessus, affamées, et la pâtée brûlante blesse leur gosier...

« Quelle honte, de la pâtée brûlante ! Ta sœur, la fille d'or, non seulement nous donnait de la pâtée tiède, mais en plus elle nous passait au cou des couronnes de fleurs.

– C'est le problème de ma sœur si elle désire perdre son temps avec ces âneries, réplique la fille.

– Où est mon déjeuner, demande Dame Holle qui rentre de vadrouille. J'ai faim moi !

– Ah oui, pardon, je vous cuis un œuf. »

Et en lieu et place d'un petit plat mitonné, Dame Holle se contente d'un œuf sur le plat accompagné d'un bout de pain de la veille.

« Et les lits, tu ne les as pas faits ?

– Quand est-ce que j'aurai trouvé le temps, entre les oies à nourrir et votre déjeuner à préparer ? rétorque la fille »

Dame Holle ne répond rien et termine ses œufs en silence.

Au bout de trois jours de ce régime, elle convoque la fille et lui dit : « Écoute, je crois bien que je t'ai assez vue. Ma maison n'a jamais été aussi mal tenue, mes oies ont le gosier brûlé par tes mauvaises pâtées, et moi, je suis en passe de maigrir à vue d'œil avec les repas que tu me prépares. Si tu es d'accord, je vais te raccompagner au passage qui te ramènera chez toi. »

La fille n'est pas mécontente de pouvoir rentrer chez elle, même si elle est un peu vexée d'être congédiée de la sorte.

« Oui, je veux bien rentrer. Mais n'est-il pas question d'une gratification pour le travail que j'ai fait pour vous ?

– À aucun moment nous n'avons parlé de gratification, répond Dame Holle. Mais tu as raison, toute peine mérite salaire et je veux te payer selon ton mérite. »

Comme elle l'a fait avec sa sœur, Dame Holle l'entraîne au bord de la rivière. « Je voudrais d'abord faire une petite sieste, avant de te dire au revoir. Baigne-toi un instant si tu veux, en attendant que je me réveille. » Prévenue par le récit de sa sœur et impatiente de recevoir enfin sa récompense, la fille arrache ses vêtements et se jette à l'eau. Lorsqu'elle entre dans l'eau, le ciel et la rivière dans laquelle il se reflète prennent une étrange teinte grise… Et quand elle sort de l'eau, la jeune fille est couverte de fines particules de cendres. Elle se voit, blêmit, secoue Dame Holle : « Qu'avez-vous fait ? Pourquoi suis-je couverte de cendre ? » Dame Holle ouvre un œil, puis les deux, puis sourit et lui dit : « Voilà la récompense de ton bon travail parmi nous. Tout ce que tu toucheras sera irradié de cette fine poussière de cendre. »

La jeune fille de cendre pousse un grand cri. « Allez, viens, je t'ai assez vue », soupire Dame Holle en se relevant. Elle la conduit au bout de l'allée des pommiers, frappe deux fois dans ses mains, et la voilà de retour dans son village, juste devant le puits. Lorsque, la tête baissée, elle traverse le village pour rentrer chez elle, le coq se met à chanter : « Kikiriki ! Voilà la fille de cendre qui nous revient au village ! Poussez-vous, poussez-vous, elle change tout en cendre sur son passage. » Les villageois se barricadent dans leur maison et par les interstices des volets lui crient : « Fille de cendre, fille de cendre, tu n'as plus rien à faire dans ce village. »

Lorsque la fille de cendre atteint enfin le seuil de sa maison, sa mère, en la voyant approcher, pousse un cri d'effroi : « Qu'as-tu fait, malheureuse ? »

La fille de cendre n'a pas le temps de s'expliquer – d'ailleurs, qu'aurait-elle dit ? Les deux femmes sont bientôt entourées de tous les villageois qui leur demandent de quitter le village. Elles partirent sur-le-champ, la tête basse, et plus personne jamais ne les a revues.

Pourquoi est-il difficile d'ancrer le changement ?

Pourquoi je me suis embarquée dans ce conte de Grimm ? Hé bien ! Je trouve qu'il illustre à merveille la qualité de présence que l'on a par rapport aux situations. Et que c'est cette qualité qui change tout. Quand je lis ce conte et que je le rapporte à ma vie, il me semble que je suis la fille d'or et la fille de cendre : tour à tour enthousiaste et diligente pour accomplir ce qui se présente à moi, et tour à tour impatiente et flemmarde. Et, bien sûr, le résultat est généralement à la mesure de l'effort et surtout du cœur que j'ai mis à l'ouvrage.

Si on s'inspire de ce conte pour illustrer notre propos, et pour tenter de répondre à la question : « Pourquoi est-ce difficile de tenir le changement sur la durée ? », il me semble qu'au début, on est tout feu tout flamme, tout content, le sens nous apparaît. Et puis, sur le moyen, long terme, peut-être que tous ces efforts, toutes ces contraintes, en fait, nous soûlent ou nous épuisent. Le bien-fondé qui nous apparaissait ne nous apparaît plus. Bref, ce n'est une mince affaire de rester la fille d'or.

Comment ancrer le changement dans le temps ?

Tu te rappelles peut-être du chapitre « Adopter une nouvelle habitude » ? Il y a plusieurs choses qui peuvent nous aider à ancrer le changement, à ancrer la nouvelle habitude et à les faire perdurer dans le temps.

- La première, c'est justement de se donner des jalons temporels. Je tiens à cette mesure jusqu'à la rentrée, jusqu'à mon anniversaire, jusqu'en janvier. Et après, je vois. L'ancrage dans le temps nous donne un horizon, et cela peut être un ancrage très bref, comme les Alcooliques Anonymes qui, eux, se donnent l'horizon d'une journée pour ne pas boire, et demain on verra… Cherche et trouve la mesure qui te semble juste pour toi et supportable.
- Quand on est accro à quelque chose qui nous fait du mal, se dire qu'on n'en prendra plus jamais ce n'est pas supportable. Ce dire qu'on n'en prendra pas aujourd'hui, certains jours, c'est terriblement difficile, mais avec de l'aide, c'est envisageable.
- C'est très important ce « après je vois ». Quand le temps est passé, tu refais un bilan. Oh ! Un bilan simple. Est-ce que ça me va toujours ? Qu'est-ce que ça m'apporte ce changement ? La dose est-elle juste ? Ai-je envie, est-ce pertinent pour moi de me réengager sur une autre période ?

- Lorsque tu portes ton attention sur le changement, tu lui accordes quelques minutes, tu reconnais le bien qu'il apporte à ta vie. Et ce bien donne de la valeur à ton effort.

En octobre 2010, j'ai commencé, chaque matin, à écrire les pages du matin. Trois pages, chaque matin de préférence au réveil, manuscrites, que personne ne lira. De l'écriture pas pour écrire, mais pour me délivrer de ce qui m'encombre. Trois pages « gratuites » chaque jour, cela implique des restructurations assez fortes de l'emploi du temps. Surtout, il y a des matins où j'ai plein d'idées, une grande soif d'écrire, mais d'autres matins où c'est franchement une contrainte. Alors, surtout la première année, faire le bilan régulièrement de tout ce qu'elles me permettaient de faire, ces pages, cela a été très aidant pour ancrer la pratique dans ma vie. Tous les deux-trois mois, je faisais une colonne avec les plus et les moins des pages du matin. Les moins étaient le temps et parfois l'ennui. Les plus étaient la clarté, l'élaboration de mes projets à leur rythme, la plainte sans que personne ne m'entende, le socle de liberté et d'intégrité. Les pages me permettent de faire attention aux signaux faibles. J'y trouve plein d'idées, je peux m'obséder sur ce qui m'intéresse et n'intéresse pas autant mon entourage. Les pages me mettent au contact avec mes rêves : grâce à elles je me découvre, pleine de possibles. Je deviens plus patiente à l'égard des autres et de moi-même. Je deviens plus indépendante.

Le calcul est vite fait, non ?

Quand tu fais quelque chose de bien, quand tu as réussi un changement qui te convient, ancre-le dans ta vie.

*

Et toi, cher lecteur, comment t'y prends-tu pour ancrer un changement qui te convient ou une nouvelle habitude de ta vie ?

ANCRER LES CHANGEMENTS DANS LE TEMPS

AJUSTER

Je prévois un nouveau plan d'action pour ce qui n'a pas marché

Je dois t'avouer que j'ai un tropisme : la tentation d'accentuer les choses qui se passent bien et de mettre sous le tapis celles qui se passent moins bien.

J'ai un second tropisme : quand ça se passe mal, c'est forcément ma faute. (Certains de mes amis ont les deux tropismes inverses, ils voient davantage ce qui merdoie, et quand ça merdoie, c'est pas de leur faute mais celle de l'autre. Et cet autre, ça peut être moi, rapport à mon tropisme qui me rend prompte à me frapper la poitrine en me lamentant : « C'est ma faute, c'est ma très grande faute ».)

Tu comprends pourquoi le chapitre qui s'ouvre est difficile pour moi : je m'épanouis et m'exprime plus facilement quand ça marche.

Mais quand j'ai fait un plan et quand, au moment du bilan, les résultats ne sont pas au rendez-vous, je peux me poser deux questions :

- Est-ce que le changement escompté n'a pas eu lieu car je n'ai pas suivi le plan ?
- Ou bien, est-ce que le changement escompté n'a pas eu lieu alors que j'ai suivi le plan ?

Et regarder ensuite quelles sont mes options. Plongeons.

POURQUOI ON NE SUIT PAS LE PLAN ?

Le plan est trop ambitieux pour moi aujourd'hui

↓

Quel serait le bon objectif alternatif et ludique ?

Je ne suis pas assez motivée

↓

L'objectif est-il le bon ?

Est-ce le bon moment pour moi ?

Je m'égare et suis trop de projets

↓

À quel objectif puis-je renoncer pour le moment ?

L'environnement n'est pas porteur

↓

Quelle est ma priorité :

tenir mon objectif ou rester en harmonie avec mon environnement ?

Quelque chose m'arrête...

↓

Comment le contourner ?

Le changement escompté n'a pas eu lieu car je n'ai pas suivi le plan

Hé ben, je ne te félicite pas ! Bon, ça arrive.

L'une des questions à se poser, c'est pourquoi est-ce arrivé : pourquoi je, tu, nous n'avons pas réussi à suivre le plan.

Il y a plusieurs facteurs possibles.

- Soit le plan n'était pas adapté à moi, trop ambitieux pour mon état de fait (à plusieurs reprises j'ai décidé de courir le marathon, je me suis inscrite... Pis, je ne l'ai jamais couru car je n'étais pas prête à m'entraîner tous les jours de la semaine pendant deux mois ; et j'avais les genoux en capilotade rien que de penser à un entraînement consistant).
- Dans ce cas, le réajustement pourrait être de se demander : « Quel serait un bon objectif alternatif pour moi ? (lorsque j'ai vu que mon squelette n'était plus d'accord pour courir, je me suis mise au yoga et au vélo. Sports qui ont d'autres qualités et d'autres inconvénients. Notamment, ils ne m'aident pas aussi bien que la course à pied à maintenir mon poids et ma silhouette de rêve).
- Soit l'environnement n'était pas porteur pour le changement que je m'apprêtais à vivre (arrêter de boire ou limiter sa consommation d'alcool dans une famille ou un groupe d'amis de gros buveurs, cela demande une force de caractère bien supérieure à arrêter de boire dans un environnement d'abstinents).
- Ce que je pourrais faire, c'est me demander ce qui est le plus important pour moi, atteindre mon objectif de changement ou rester collée à mon environnement. Sans aller jusqu'à mettre tout mon entourage au panier, je peux choisir de faire des stages, ou des cures, pendant un temps, avec des personnes qui ont le même objectif que le mien.

J'ai été très marquée par le récit de Léo Babauta, qui tient le blog zenhabits.net : lorsqu'il a voulu changer de vie et devenir non-fumeur, végétarien, perdre du poids, il s'est rendu compte qu'il ne pourrait pas transformer ces habitudes et continuer à vivre à Guam, où tout le monde connaissait « l'ancien Léo ». Lui et sa femme et toute leur petite famille sont partis vivre à San Francisco et ont « tout » recommencé, ils ont trouvé des alliés et un environnement pour le style de vie qui leur convenait mieux. Changer d'environnement, c'est un choix éminemment personnel (et qui peut être lourd de conséquences !).

Soit je n'étais pas suffisamment motivée à ce moment-là, pour suivre le plan que je m'étais proposé. Parfois, on évalue mal son degré de motivation… J'aime cette phrase de ma gouroute canadienne Danielle LaPorte, *I'll be ready when I'll be ready*[20].

Et dans ce cas, je propose d'ajourner le changement à un moment où ce sera plus propice pour moi, pour toi. Et peut-être, oui mon ami, que ce moment, c'est jamais. Parfois, on laisse tomber des objectifs et on est soulagé. Mais il arrive aussi que, parfois, ce n'était juste pas le bon moment. Mon amie Juliette a pris beaucoup de poids au moment d'arrêter la cigarette. Deux mois après l'arrêt de la clope, elle s'est mise à suivre un régime drastique. Régime qu'elle a suivi un mois avant de regrossir de plus belle. La vérité, c'est qu'elle n'était pas prête (l'une des raisons en était que l'arrêt de la cigarette n'était pas encore complètement absorbé deux mois après). Quand deux ans plus tard, elle a entamé un nouveau régime sérieux et avec le soutien qui lui convenait, en six mois elle a réussi à perdre le poids qu'elle souhaitait perdre.

Tout n'est pas qu'une seule question de volonté. Le moment est important aussi.

Il y a aussi la possibilité que j'aie suivi plusieurs lièvres à la fois (j'ai voulu changer plusieurs choses en même temps), et ça ne marche pas ou en tout cas ça ne facilite pas.

20. « Je serai prête quand je serai prête. »

Dans ce cas-là, ce que je propose de faire, c'est de lâcher l'un des objectifs, quitte à le reprendre plus tard. De garder l'objectif le plus important pour toi, ou le plus facile, au choix !

Enfin, il arrive que « quelque chose » se passe, un événement qui compromet le plan. Dix jours avant de partir en Italie, cet été, j'ai trouvé dans un marché de livres d'occasion une méthode pour apprendre l'italien en quatre-vingt-dix jours. Je me suis dit : « C'est l'occasion ! À partir d'aujourd'hui et jusqu'à la fin du séjour italien, je travaille une leçon d'italien par jour. » J'ai bien tenu la cadence, jusqu'au premier soir où on s'est disputés avec mon mari, et là, j'étais tellement émue que j'ai oublié ma leçon. Le lendemain, j'ai repris le cours des leçons. Puis à la deuxième dispute, j'ai oublié encore ma leçon. Et on était deux jours avant la fin du séjour, et j'ai lâché l'affaire.

Et là, ben, je n'ai pas de proposition, à part accepter que parfois des événements passent en priorité, prennent le pas sur le plan.

Voilà toutes les raisons auxquelles je pense pour ne pas suivre le plan – la dernière étant bien sûr la flemme. C'est plus facile de ne pas faire que de faire, c'est plus facile de se laisser happer par la pesanteur que de s'en extirper jour après jour.

Et toi, cher lecteur, quelles sont tes raisons de ne pas suivre le plan ?

AJUSTER

J'ai suivi le plan et je n'ai pas les résultats attendus

I am nowhere where I wanted to be.
But I practice and I got better than where I was.[21]

Mou Saha

Cher lecteur, il t'est peut-être, sans doute, arrivé d'avoir donné ton maximum, d'avoir fait tout ce que tu pensais devoir faire, d'avoir suivi le plan, et paf, ça ne marche pas comme tu veux.

Je me souviens de ma déception lorsque j'avais révisé comme une malade un contrôle de maths, avec ou sans le soutien d'un prof particulier, et bim ! Le devoir recevait une note équivalente ou à peine supérieure à ceux d'avant, où j'avais bossé avec mes méthodes anarchiques. (À l'inverse, je me souviens aussi de notes surprenantes, bonnes, pour des devoirs où je n'avais pas l'impression d'avoir été transcendante.)

L'humilité face aux résultats

Face à tous les plans que nous suivons, face à tous les efforts que nous accomplissons, le résultat ne nous appartient pas. Seuls nous appartiennent ces satanés efforts.

J'ai tout à fait suivi le plan, et le résultat ne m'appartient pas. C'est à la fois très flippant (et parfois très rageant), et aussi il y a une part de

21. « Je suis très loin de là où je voudrais être. Mais je m'entraîne, et je suis plus avancée et meilleure que là où j'en étais. »

grande joie à ce mystère. Tout ne dépend pas de moi. Ouf ! La certitude est rassurante, mais aussi il faut bien reconnaître qu'elle a un petit côté rasoir.

« Je remplace les certitudes par la curiosité – et voilà. Instantanément, je me sens en paix », écrit l'écrivaine Elizabeth Gilbert sur l'un de ses posts Instagram.

Ne pas être certain du résultat nous tient en haleine, sur le fil, nous rend curieux et aussi nous mobilise et nous motive à faire de notre mieux.

Cela dit, lorsque le résultat n'est pas atteint alors que nous avons « tout donné » (en tout cas, suivi le plan), se pose la question : suis-je près du compte ? Suis-je loin du compte ? C'est-à-dire, est-ce que j'arrive tout près de l'objectif fixé, ou alors, est-ce que j'en suis très loin, si loin que le résultat n'est pas acceptable ?

Plus ou moins dix pour cent

Mais avant même d'entrer dans ce sujet « que faire si je suis près du compte et que faire si je suis loin du compte », il faudrait déterminer le taux d'erreur, la marge que l'on s'accorde.

Bien sûr qu'on a envie de taper dans le mille, mais quelle est notre marge autour du mille ? Un cercle, deux cercles ? Ou rien n'est acceptable si ce n'est le mille ? S'il est intéressant de définir le succès, il est aussi intéressant de définir la marge de tolérance autour du succès.

En ce qui concerne mon plan « boire au maximum un verre d'alcool par jour jusqu'au 30 septembre », les résultats attendus étaient :

- ressentir davantage d'entrain le soir, notamment l'envie de jouer, de sortir ou d'apprendre et pas juste d'aller me coucher, lire et m'endormir à 22 heures ;
- perdre un kilo ;

- avoir du tonus pour me lever le matin ;
- avoir progressivement moins envie d'alcool ;
- et, globalement, me sentir plus en prise sur ma vie et moins en butte à des compulsions.

Résultat des courses, je n'ai pas perdu le kilo espéré (mais il y a eu d'autres facteurs que l'alcool pour gagner ou perdre du poids) ; en revanche, sur les quatre autres résultats, je dirais (même si c'est subjectif) que je me sens « dans la marge acceptable à côté du mille ».

Que faire si je suis près du compte ?

Si tu es près du compte – si tu arrives juste à côté du mille ou à l'intérieur de la marge que tu t'es fixée – je vois deux possibilités. Soit tu es comme moi (pas tellement perfectionniste, ce qui t'importe, c'est de progresser) et tu te dis : « Bon, déjà, bravo ! » Oui, tu célèbres, tu te félicites d'avoir tenu le plan et d'être arrivé presque là où tu voulais arriver. Soit tu es perfectionniste et là, ben, tu pleures ! Et tu vas pleurer longtemps parce que c'est rarissime d'arriver pile dans le mille. Pour un tas de raisons : parce que la vie joue avec toi, parce que tu en demandais peut-être trop à ton plan, parce que ton environnement t'aide ou ne t'aide pas à atteindre le résultat attendu.

L'exemple qui me vient en tête est celui de la cuisine. Je suis une recette, j'ai une idée, et je n'arrive presque jamais à la réaliser telle quelle. Si les dieux des cuistots sont avec moi, alors le résultat différent de ce que j'avais imaginé est encore meilleur que ce que j'avais imaginé. Et, parfois, ces dieux se reposent et le résultat est mauvais. Te dire ce qui a changé dans ma manière de suivre la recette et de mélanger les ingrédients ? Mystère et boule de gomme.

Donc, si tu arrives suffisamment près du compte pour que le résultat soit acceptable, alors mon conseil, c'est : pour la plupart, garde le plan et réajuste à la marge. Ou, accepte que les choses ne tournent pas à 100 % comme tu les avais prévues.

Le deuxième effet *kiss cool* : laisser du temps au temps

Une chose qui m'aide à accepter que le résultat soit différent de ce que j'attendais, c'est le temps. Le temps et les réactions des gens autour de moi.

Cela m'arrive parfois avec un livre que j'ai écrit, au moment où je le tiens pour la première fois dans les mains. Le texte que j'ai rendu à l'éditeur, au moment où le livre paraît, s'est déjà éloigné de moi – même à la marge – donc, je ne reconnais pas totalement ma pensée. Quant à la forme du livre, parfois elle me plaît, parfois c'est la grosse cata ! Lorsque j'ai découvert l'avant-dernier, *Trouver son ikigaï*, je n'ai rien aimé, ni les couleurs intérieures, ni les photos choisies pour illustrer mon propos, ni les coins arrondis choisis par le studio graphique... Toutes choses que j'avais mal évaluées, mal vues ou pas vues du tout, en relisant les épreuves du texte.

Et puis, j'ai reçu des compliments sur le livre, son contenu, mais aussi son aspect visuel, les coins arrondis et la couleur de l'intérieur, si douce ! Petit à petit, je me suis habituée à cet « enfant » qui n'est pas tout à fait comme je l'imaginais. Et c'est tant mieux !

Ce temps d'adaptation entre le résultat réel et ce que j'attendais, je l'appelle « le temps nécessaire au deuxième effet *kiss cool* ». Après avoir dit : « Je déteste je déteste je déteste, faut tout refaire », je pense : « Merci merci merci, ce livre est sublime, il me comble de ses bienfaits. »

Et si je suis loin du compte ?

Alors, bon, on y vient !

Qu'est-ce que je fais, si j'ai suivi le plan, et que, d'après mes standards, d'après la marge fixée, et même en regardant avec indulgence, je suis loin du compte ? La vérité, à part aller cuisiner des courgettes pour le dîner, mitonnées avec un petit oignon et pourquoi pas une gousse d'ail et quelques lamelles de citron confit, je ne vois rien d'autre à faire que de changer de plan. Exactement comme nous changerions de recette après avoir essayé une recette en l'appliquant le plus précisément possible, puis avoir goûté le plat et on n'a pas trouvé ça bon.

Changer le plan.

Après (aïe, aïe, ouille ! Je sens venir une nouvelle digression, un nouveau « mais attends un peu, regarde… »), certains plans demandent aussi d'être essayés un peu plus longtemps que prévu, ou essayés en changeant un ingrédient. J'ai oublié de te donner le temps précis de cuisson pour ma recette, le feu vif ou doux, et le plat n'aura pas le même goût en fonction de la sauteuse, poêle ou casserole que tu utilises… J'ai oublié de te dire aussi que dans le fond de ta sauteuse avant d'y mettre l'oignon, tu peux ajouter une rasade d'huile d'olive et une noix de beurre.

La durée, les conditions de l'application du plan, et l'accompagnement des dieux du changement, ça change tout.

Idem pour un traitement médical, on le sait que c'est important, la durée, le dosage, et parfois, on tâtonne.

« Tâtonner », c'est vraiment le mot. Tu te rappelles au début de notre livre, l'image des pas japonais, les pierres plates posées sur la mare pour pouvoir la traverser, alors que le brouillard ne permet pas de voir ce qu'il y a de l'autre côté ? Nous en sommes toujours là.

Comment savoir s'il faut donner à ton plan initial un peu plus de temps, ou changer de plan ? C'est une question à laquelle il est très difficile de répondre.

Si ton plan n'a pas fonctionné au bout du temps imparti, alors tu as plusieurs solutions :

- lui donner plus de temps pour faire ses preuves (dans ce cas-là, je te conseille de décider « je fais le point dans x semaines ») ;
- changer un ingrédient, un élément du mix ou du cadre ;
- changer le plan totalement.

Changer le plan totalement demande de passer par la case « observation ». Et peut-être aussi par la case « discussion avec un tiers avisé ». Je dois faire autrement, mais comment ? Parfois, on a une idée pour changer, pas dix-huit. Et c'est là que la personne extérieure, avec son œil extérieur, peut nous aider à y voir plus clair. C'est l'une des choses que j'aime avec ma psy. Je ne la quitte jamais sans que nous ayons trouvé, ensemble, une manière de changer mon comportement qui me convienne et soit entendable par mon ou mes interlocuteurs.

*

Et toi, cher lecteur, es-tu plutôt du genre à te contenter d'un plan qui donne « à peu près les fruits attendus » ou à ne te satsifaire que du résultat exact ?

Et quand ton plan n'a pas donné le résultat escompté, es-tu du genre à t'accrocher, ou à décrocher ? À changer tout le plan ou à changer un ingrédient ?

Bonne réflexion !

Après le PDCA :
d'autres aides au changement

Cher lecteur, tu as vaillamment suivi tout un PDCA et je t'en félicite ! À présent, tu es ceinture rouge de kaizen. Pour atteindre la ceinture noire, les Japonais ont mis au point des techniques complémentaires et notamment, le *poka yoke*, le 5 S et le juste-à-temps.

Tu as encore un peu de jus ? Je te propose de regarder ensemble, et d'expérimenter, comment nous pourrions utiliser ces merveilles pour protéger et faire grandir notre belle petite pousse de changement.

Éloigne-toi de moi
Ne nous oublie pas !
Éteindre la lumière de la cuisine

Le *poka yoke* : le rôle des détrompeurs

Lorsque j'étais enfant, mon dressing était mal rangé, on ne retrouvait plus rien. Ma nounou de l'époque, Marie-Christine, n'en pouvait plus de ce bazar. Alors, elle avait rangé le dressing, mais aussi collé des étiquettes sur la tranche de chaque étagère : « T-shirts et chemisiers », « Pantalons », « Jupes de Christie la coquine ». Tu imagines à quel point ça m'a fait plaisir, ce « Jupes de Christie la coquine », trente-cinq ans plus tard, je m'en souviens encore. Ce dont je me souviens aussi c'est que pendant quelques semaines, j'ai été super motivée à ranger les jupes et le reste, à l'endroit assigné par l'étiquette de Marie-Christine.

Bon, en fait, les étiquettes de Marie-Christine ne sont pas du *poka yoke* (que l'on pourrait définir comme un détrompeur qui ne laisse pas d'autre option que de ne pas se tromper) ; elles sont plutôt de l'ordre du *nudge*, qui est la méthode douce pour inspirer la bonne action. *Nudge* veut dire « coup de pouce », *poka yoke*, ça veut dire « éviter (*pokery*) les erreurs (*yoka*) ». La différence principale entre les deux concepts est que le *nudge* est une incitation joyeuse à « bien » faire (par exemple, si je veux que les pissotières ne soient pas visqueuses de pipi, je dessine une mouche pile au milieu, afin d'inciter les pisseurs à viser la mouche, en plein dans le mille), tandis que le *poka yoke* ne nous donne pas tellement le choix.

Pourquoi je te parle des *poka yoke*, ces fameux détrompeurs ? Pour deux raisons. D'abord, parce que dans l'industrie japonaise, ils sont associés à la méthode kaizen, le changement continu à petits pas. Et s'ils lui sont associés, c'est parce qu'une fois qu'on s'est embêté à mettre en place un système amélioré et qui règle certains problèmes, on va faire en sorte que de nouvelles erreurs ne soient pas commises. Non ?

Des exemples de *poka yoke* dans la vie quotidienne, ce peut être les plugs USB, dont la forme ne rentre que dans les prises USB (et ainsi, on n'endommage pas l'appareil), ou bien les machines à laver le linge équipées d'un système qui les empêche de se mettre en route si la porte est ouverte, ou encore des thermos dans lesquels on ne peut boire qu'en appuyant sur un bouton, et ainsi, ça évite les fuites dans le sac ou dans la voiture...

Le *poka yoke* nous protège des bêtises que nous pourrions commettre, et dont certaines ont des conséquences désastreuses.

Comment je m'aide moi-même à garder le comportement sinon vertueux du moins amélioré par mon travail de transformation ? Comment je me détrompe, comment j'évite de me réinduire en erreur ? Comment je me *poka yoke* ?

Ne me laisse pas entrer en tentation

Lorsque j'ai décidé de limiter l'utilisation d'Amazon, enlever l'application de mon téléphone m'y a bien aidée (ainsi qu'enlever l'application de Snake vs Brick, mon petit jeu crétin et totalement absorbant, et tous ses grands frères auxquels je m'étais mise à jouer de façon compulsive). La vraie sagesse serait, comme l'écrivaine Amélie Nothomb, de n'avoir pas de téléphone portable du tout ; ou comme l'écrivain et productrice activiste Flore Vasseur, qui n'a qu'un vieux modèle de téléphone portable qui ne permet que de téléphoner. Ça existe encore.

Ma parade *poka yoke* pour me désintoxiquer du téléphone, la seule dont je suis capable pour l'instant, est de l'oublier régulièrement lorsque je pars me promener ; de le faire tomber au fond de mon sac ; de le mettre dans une autre pièce ; bref, dans la mesure du possible, le tenir à distance car, si je le vois, je suis fichue.

Mon premier *poka yoke* est donc celui de m'épargner la tentation. Le fameux « loin des yeux, loin du cœur ».

L'affichage dans des lieux stratégiques

En avril dernier, la moitié de la famille a opté pour changer Toutoune, la vieille voiture de treize ans qui marchait très bien, par une super-moderne beaucoup plus confortable, mais beaucoup moins belle (devinez de quel côté j'étais !). Cette nouvelle voiture, que j'ai nommée « Pipik », nous *nudge* énormément (quand j'enlève la ceinture alors que la voiture roule encore, elle sonne, quand je m'approche tout près d'une autre voiture, elle sonne, si je quitte ma voie sur l'autoroute sans mettre le clignotant, le volant vibre, si je dépasse la vitesse autorisée, le tableau de bord me l'indique...). « Ne fais pas ça, malheureuse ! » me dit-elle toutes les dix minutes. Je ne vais pas vous mentir, l'autre voiture qui nous laissait vivre peinards notre vie de chauffards me manque un peu. Mais, bon, on va arrêter de râler, hein ! Le moment où notre Pipik (la voiture) nous *poka yoke* sans ambiguïté, c'est quand elle et nous risquons de rentrer dans la voiture de devant. Là, elle freine brutalement. « Freinage d'urgence », ça s'appelle.

Notre maison (heureusement ou malheureusement) n'est pas devenue aussi « Hal[22] » que la nouvelle voiture, et régulièrement nous oublions, qui nos clés, qui nos titres de transport, qui d'éteindre le gaz. Alors, faudrait faire quoi ? Moi, je prône l'affichage aux endroits stratégiques, comme dans les toilettes des restaurants. Les employés sont priés de se laver les mains avant de retourner travailler. Mais la vérité, c'est qu'un affichage vu tous les jours, on ne le voit plus. Ça ne marche que quelques jours, ou bien quand c'est nouveau. Ce qui d'ailleurs suffit quelques fois. À la maison, par exemple, la serrure des W.-C. du bas ne fonctionne pas. Si on l'actionne, la porte risque d'être bloquée. Nous,

22. Le nom du système robot qui prend le contrôle de la navette spatiale dans *2001, l'Odyssée de l'espace*, film de Stanley Kubrick sorti en 1968.

les quatre habitants principaux de la maison, nous le savons et nous ne nous enfermons pas dans les toilettes du bas. Les invités, en revanche, ne sont pas au courant et ma fille aînée de sa plus belle plume a rédigé un panonceau « Prière de ne pas fermer la porte à clé ».

Cette tradition du panonceau dans les toilettes nous vient de ma belle-famille, dont les maisons de campagne ont toutes des systèmes d'évacuation fragiles, qui ne supportent ni tampon, ni lingette, ni rien... Les enfants et les parents rivalisent d'ingéniosité dans un très beau concours d'affichettes, exposées sur la porte des toilettes ou à côté, bref bien en vue de celui qui pourrait être tenté de jeter quoi que ce soit dans le fond des toilettes.

Et ce n'est pas si mal de limiter l'affichage à quelques lieux stratégiques. Parce que les maisons de location où le propriétaire a cru bon d'annoter tous les dangers dans toutes les pièces, et de vouloir contrôler, empêcher, prévenir, protéger chaque item de sa maison... ben, s'il a si peur des bêtises que l'on pourrait faire, il n'avait qu'à pas la louer !

Je *poka yoke*, tu *poka yokes*...

Et toi, cher lecteur, quels sont tes détrompeurs préférés ? Ceux qui fonctionnent le mieux pour toi ? Ceux qui t'ont sauvé la vie ? Et quels détrompeurs additionnels pourrais-tu mettre en place pour te poka-yoker ?

Les 5 S ou comment ma gestion de l'espace m'aide à être plus satisfaite de ma vie

Cette méthode, pourquoi a-t-elle sa place dans notre livre ? Hé bien, parce que les Japonais eux-mêmes l'associent au kaizen, pour eux, les 5 S font partie de ce qui favorise la démarche de changement continu. Et, en effet, nous l'avons vu tout au long des pages qui précèdent, l'environnement est clé pour encourager, ou décourager, le changement.

Une éthique de l'espace

Les 5 S touchent à l'espace. Et ils font partie de la culture japonaise où la propreté, le maintien de l'espace sont élevés à l'ordre de qualité essentielle et affaire de tous. Ils sont enseignés aux enfants dès le plus jeune âge.

Les 5 S sont une méthode, une ascèse, qui nous demande et nous aide à rendre notre environnement spatial propice au changement.

C'est l'histoire d'une échoppe

De la même manière que les Japonais ont regardé du côté des Américains pour réinventer le kaizen, ils se sont inspirés des Vénitiens pour mettre au point les 5 S. Les Vénitiens, grands commerçants et donc grands marins étaient aussi de grands constructeurs de navires…

Et au moment de leur apogée, au XVIe siècle, le besoin en navires était tel que les constructeurs de bateaux cherchaient par tous les moyens à réduire le temps de construction. Ils avaient ainsi inventé, avant l'heure, la rationalisation de l'espace de travail – car c'est bien de ce dont il s'agit avec les 5 S –, et ce faisant, les constructeurs ont réussi à faire passer le temps de fabrication d'un navire de plusieurs semaines à quelques jours. Et en avant la productivité, et en avant le commerce.

Le Japon était relativement fermé aux influences extérieures, mais les Vénitiens passaient partout... et hop, la recette de leur productivité constructiviste est passée dans l'escarcelle des Japonais. L'histoire ne dit pas s'ils s'en sont beaucoup servi avant les années soixante-dix, 1970, mais elle nous revient avec un autre constructeur, de voitures cette fois, qui s'en est servi pour améliorer la productivité de ses usines à un moment où ça devenait crucial de se démarquer de ses concurrents.

Seiri : je trie, je déplace, je supprime

Le *seiri, c'est* sortir du mode « empilage automatique » et décider ce qui, dans un lieu dédié, a sa place à portée de main, un peu plus loin (dans un placard, une armoire), beaucoup plus loin (à la cave) ou carrément hors de ma vie (dans la poubelle, ou donné ou vendu à quelqu'un).

Cher lecteur, telle que tu me vois à cet instant précis, je suis confrontée à un dilemme sans précédent. Mon habitude, en effet, et mon éthique d'écrivain consistent à ne donner que des conseils que je suis. À ne recommander, par exemple, que des listes que je viens de faire ou que je m'apprête à faire. Et dans le cas du *seiri*, il me faudrait passer plusieurs heures rien qu'à trier toute cette masse d'objets sur ma table.

Ah ! Cela demande réellement du jus de cerveau, et de coude, et de prendre des décisions, d'écrire un livre. Bon, je m'engage à trier les deux piles de livres et à enlever quelques cailloux de la table dès que ce chapitre sera écrit

LA MAGIE DES 5 S
1 SEIRI = Trier / Déplacer / Supprimer
2 SEITON = Situer / Ranger
3 SEISO = Nettoyer / Réparer
4 SEIKETSU = Standardiser / Maintenir
5 SHITSUKE = Conserver / Contrôler / Progresser

Je le garde à portée de main

À portée de main, je ne garde que ce qui me sert quotidiennement. Évidemment, on pourrait gloser à l'infini sur la définition de « ça me sert ». Je garde le premier sens, « j'en ai l'utilité pratique » ; et j'utilise aussi le sens que donne Marie Kondo dans son livre *La Magie du rangement*[23], à savoir : « Est-ce que l'objet en question me procure suffisamment de joie pour que cela ait encore un sens de le garder sur ma table de travail ? » À regarder certains cailloux grisonnants sur la table, la réponse est non.

À quoi ça sert de ne garder que les objets utiles chaque jour ou plusieurs fois par jour à portée de main ?

- À « relire » et regarder régulièrement son environnement immédiat et se demander : « De quoi je me sers réellement ? Qu'est-ce qui est vivant pour moi dans toutes ces affaires ? » Et éviter ainsi les accumulations d'objets « morts énergétiquement » autour de soi, dans l'environnement immédiat.
- À faire de la place pour que mon corps puisse être en mouvement et que mon esprit et mes yeux puissent se satisfaire d'espaces vides ou moins pleins.
- À trouver immédiatement et facilement les objets dont j'ai besoin.

Je le garde dans la pièce

Dans la pièce, je ne garde que ce qui me sert chaque semaine. J'ai besoin de voir certaines choses de près, d'autres de loin. Faire trois pas, cela n'est pas énorme quand j'ai besoin de consulter un dossier, retrouver un papier, vérifier une information dans un livre.

Je garde de nombreux livres dans mon bureau que je ne lis pas chaque semaine, pour la bonne raison que j'aime m'entourer des livres qui

23. Éditions First, 2015.

m'inspirent, m'ont inspirée, m'ont transformée. Et des livres que j'ai écrits, aussi !

Je le range dans une autre pièce

Je range les objets que j'utilise occasionnellement dans une autre pièce, celle dans laquelle l'objet a sa place.

Lorsque j'étais enfant, ma mère triait les affaires d'été et celles d'hiver. Elle descendait les affaires que nous n'allions pas porter pendant quelques mois à la cave de notre immeuble. Chaque fin d'été, chaque milieu de printemps, nous allions à la cave chercher des cantines militaires en fer bleu. Nous retrouvions avec curiosité, surprise, joie ou déception nos affaires de l'année précédente, et faisions le point sur ce qui allait encore et ce qu'il fallait remplacer.

J'aime cette idée de ne pas avoir toutes mes affaires tout le temps tout sous les yeux et de les retrouver régulièrement. Je sais que mes habits d'été sont dans cette malle précise, mais qu'y a-t-il exactement dans la malle ?

Je le jette ou le donne

Je jette ou donne les objets dont je ne sers pas. Chaque objet que je garde dans ma maison, que ce soit près de moi ou au fond de la cave, a un coût. Un coût au mètre carré ou au centimètre carré qu'il occupe, et un coût énergétique.

Il y a des affaires qui ne sont plus moi, qui ne sont plus pour moi. Il y en a d'autres qui sont cassées (puis-je les réparer, les faire réparer, est-ce que j'ai les moyens, est-ce que je le désire ?).

Se séparer des affaires qui ne servent plus devrait être une évidence, pourtant, pour certains d'entre nous (ou pour un certain type d'affaires), nous avons du mal à nous en défaire. À les laisser partir, circuler.

Que disent de nous ces affaires que nous retenons alors qu'elles ne nous servent plus ? Peut-être que pour certains, c'est difficile de se défaire de ses anciens « moi » – le moi qui portait ces jolies robes, le moi mère d'enfants beaucoup plus jeunes, le moi plus mince, plus musclée... Mais la réalité, c'est que cette moi-là n'est plus, et laisser partir les affaires est peut-être une aide, un coup de pouce pour laisser le moi nouveau advenir, s'épanouir, prendre la place dont il a besoin, au lieu de regarder mes anciens moi qui n'existent plus prendre la poussière et de l'espace.

Seiton : je situe

Seiton c'est savoir situer et donner une place aux choses pour favoriser leur bon usage par moi et par les gens autour de moi. Évidemment, Marie Kondo, et la méthode 5 S, marquent un point quand ils recommandent de trier avant de ranger. Car les objets que l'on utilise ont beaucoup plus de place (de places possibles et d'espace pour être rangés et vus).

Comment faire en sorte que nos objets du quotidien soient organisés de manière à nous simplifier la vie ? Comment désigner une place à chacun ?

Tu l'as compris, je ne suis pas la reine du rangement, et je te propose quand même quatre principes que j'ai appris avec le temps et la nécessité de ranger. Le fil conducteur de ces quatre principes, étant de chercher ce qui fonctionne pour toi.

Ranger les objets près de leur usage

Il est passé où, ce sécateur ? Le premier principe que je trouve bien pratique, c'est de ranger, quand c'est possible, les objets au plus près de l'endroit où je vais les utiliser. Le sécateur : à côté du jardin.

En ce qui concerne mes activités artistiques, la guitare, le dessin, j'ai remarqué aussi que cela m'aide que ma trousse et mon cahier à dessin, et la guitare, soient déjà dans le salon c'est-à-dire là où je m'installe d'habitude pour jouer ou dessiner – ainsi je n'ai pas besoin de tout sortir, de grimper ou de descendre un étage pour les utiliser. Ils sont déjà là où je me trouve, là où je vais m'installer.

La condition pour que cela marche, évidemment, est de ranger les objets après usage : ne pas en imposer la vue aux autres ni à toi ; ne pas encombrer les espaces qui servent à autre chose, comme la grande table ; permettre à toi et à ceux qui vivent avec toi de les trouver du premier coup la prochaine fois que tu ou vous en aurez besoin.

Regrouper

Dans *Penser/Classer* [24], l'écrivain Georges Perec évoque la difficulté de trouver une manière d'organiser et de ranger ses livres puisqu'il n'arrête pas d'en acheter, qui vont devoir trouver leur place dans la bibliothèque dont les rayonnages ne sont pas indéfiniment extensibles.

Je souffre de la même maladie que Perec, au point que c'est presque impossible d'en retrouver un quand je le cherche – ce qui peut me faire perdre beaucoup de temps et me mettre dans une rage folle. La manière la plus infaillible que nous avons trouvée est de les ordonner par collection ou par couleur. D'abord, c'est plus joli sur les étagères, ces « color blocks ». Ensuite, la mémoire concernant les livres étant essentiellement visuelle, je sais que ce livre que je cherche est jaune et qu'il a donc une chance non négligeable de se retrouver avec les livres jaunes.

Idem pour les divers cordons liés aux téléphones et ordinateurs portables, ils ont leur casier propre dans mon tiroir.

Cette « mise ensemble » parle à mon caractère collectionneur et me procure du plaisir – élément essentiel de motivation pour ranger !

---

24. Seuil, 1985.

Mettre ensemble une typologie d'objets est beaucoup plus esthétique, et rend la recherche beaucoup plus facile.

Investir ou fabriquer des lieux de rangement

Mon prochain « rêve » de regroupement ? Hé bien ! Ce serait d'avoir des boîtes de classement, d'un format à déterminer, mais probablement des boîtes d'archivage où je pourrais ranger mes cahiers par thématiques, au lieu de les avoir les uns à côté des autres sans jamais savoir lequel est lequel.

C'est beaucoup plus facile de ranger, quand on a les lieux de rangements adaptés et aménagés à nos besoins. Une catégorie, une boîte. Et quand ce sont ces petits objets, une catégorie, une case de casier aménagé. Les vendeurs de meubles et de papeterie proposent ce genre de boîtes et casiers – l'avantage, c'est que vous pouvez les harmoniser. Et c'est aussi tout à fait possible de recycler des boîtes qui vous plaisent pour ranger, comme de fabriquer vos propres étagères et bibliothèques.

Laisser vides des espaces

Alors ça, je ne le fais pas spontanément. C'est à vrai dire une demande de Nicolas, mon mari, depuis que nous vivons ensemble. L'œil est content, et reposé, quand il y a du vide. Pas du vide partout, mais du vide, et pas seulement sur les murs, mais aussi sur les meubles. Les tables, les commodes, les tables de nuit, les plans de travail : il peut y avoir sur eux un peu de stock, mais il doit y avoir du vide pour permettre le flux. La création. Le travail.

Je ne sais pas si vous avez déjà éprouvé cette sensation de paix en entrant dans une église construite au XXe siècle, ou dans une chambre d'hôtel. Ce soulagement de voir du vide. Ce vide laisse de la place à ce qui va émerger : nos propres pensées. Hé bien ! Elles servent à tout cela, les cases vides dans la maison.

Seiso : je fais scintiller et je répare

Une fois que tu as déblayé, rangé et donné à chaque objet une place évidente, alors tu es confronté à plus d'espaces vides et chaque objet t'apparaît beaucoup mieux. Ça, c'est la bonne nouvelle. La mauvaise, c'est qu'en mettant de l'ordre, tu découvres aussi tout ce qui est sale et a besoin d'être réparé.

Veiller à la propreté

De nombreux Américains conseillent de commencer la journée par un acte de rangement, nettoyage, maintenance, pour se sentir bien et fier de soi. L'amiral William H. McRaven a même écrit un livre sur le sujet, *Si tu veux changer ta vie, commence par faire ton lit*. Faites-le à la perfection, dit-il, accomplir cette tâche simple vous donnera confiance pour accomplir d'autres tâches simples – et même si votre journée est pourrie, au moins le soir vous retournerez vous coucher dans un lit qui est fait, qui est très bien fait et par vous-même ; et cela vous donnera l'espoir que le lendemain pourra être un jour nouveau, un jour meilleur.

Il y a aussi les FlyLady qui s'adressent à ces femmes d'intérieur, ces « stay at home Moms » qui ont du mal à se secouer et à se sentir fières de leur vie. Les FlyLady est un réseau social sur lequel les femmes s'encouragent, et se donnent chaque jour un petit défi pour être fières d'elles-mêmes. L'imagerie est un kitsch, je ne suis pas sûre d'avoir envie de m'identifier à leur vie… Mais le premier conseil qu'elles donnent, je le trouve très aidant : chaque matin, commence par mettre tes chaussures et avoir un évier nickel. Mettre ses chaussures : cela signifie que je suis lavée, habillée – donc, que je ne passe pas la journée à traîner en pyjama. L'évier nickel : cela signifie que la vaisselle est faite ; et si elle est faite, le reste de la cuisine est probablement rangé aussi.

Avant de t'écrire ce petit bout de chapitre, j'ai enlevé les cahiers qui restaient sur la table, poussé mon ordinateur et, à l'aide d'un kleenex et d'un peu de mon vinaigre blanc aromatisé aux agrumes, j'ai nettoyé la table de travail. Oui, ça faisait plusieurs mois que je ne l'avais pas nettoyée aussi à fond. Et l'odeur de propre qui se dégage de la table brillante a renforcé mon élan pour t'écrire.

La recette du vinaigre aux agrumes

Un bon ouvrier a de bons outils. La phrase dans sa version « notre sagesse populaire » me ferait doucement rigoler si je ne vérifiais pas à quel point elle s'applique à moi tous les jours, plusieurs fois par jour.

Moi qui ne suis pas toujours très motivée pour ranger et nettoyer, je m'aperçois que cela m'aide, si j'ai les bons accessoires de rangement, mais aussi si les produits que j'utilise pour nettoyer me motivent. Une chose qui me motive, c'est la non-nocivité ; une autre, c'est la beauté du contenant ; une troisième, c'est l'odeur ; et bien sûr, j'ai besoin de sentir que le produit est efficace.

Chez mon amie Yuriko, j'ai vu un jour des écorces de citron et d'orange tremper dans un pot à confiture. « Qu'est-ce que tu en fais ? » lui ai-je demandé. « Du vinaigre aux agrumes. » Elle m'a donné la recette, qui est très simple.

- Dès que tu termines d'utiliser un citron, ou une orange, mets l'écorce dans un pot à confiture (vide et propre).

- Remplis ce pot de vinaigre blanc au fur et à mesure.

- Lorsque le pot est rempli d'écorces, ajoute du vinaigre blanc jusqu'au bord. Puis ferme bien le couvercle et oublie le pot pendant quatre à cinq semaines.

- Filtre le vinaigre avec une passoire à thé, et utilise-le pour nettoyer tes plans de travail, désinfecter tes éponges, laver tes verres et tasses, faire ta vaisselle.

L'odeur d'agrumes dans le vinaigre est très agréable. J'ai pour ma part investi dans des flacons en verre fumé, avec vaporisateurs, dans lesquels je mets ma production de vinaigre aux agrumes.

Réparer – la satisfaction du mendfulness

Je ne sais pas comment je suis devenue adepte de « mendfulness », néologisme anglais entre « mindfulness », pleine présence, et « mending », l'acte de réparer. Le fait de réparer un objet, c'est à la fois un geste très humble, mais qui me demande de décider si cet objet en vaut la peine ou non ; qui me demande de le regarder avec attention ; qui me demande de trouver, de rassembler les bons outils pour le réparer ; qui me demande ensuite du courage et du temps pour entrer dans l'acte de réparer. Tout cela pour un travail dont je vois le résultat, pour une économie de matière et d'argent, tout cela pour redonner de l'énergie et un usage à cet objet que j'ai décidé de garder.

Mais le fait est que lorsque je vois ma nièce Salomé porter la robe que ma fille Alma a beaucoup mise, qui s'est déchirée dans la cour de récré, et que j'ai recousue, qu'elle a portée encore, et aujourd'hui, c'est Salomé qui la porte, et sa maman me raconte qu'elle l'a réparée à son tour... mon cœur est tout heureux. Je me dis : « J'ai bien fait de passer du temps à réparer la robe une première fois. »

Les objets cassés apportent une tristesse, un poids mort dans la maison. Entrer dans la décision de les réparer va nous coûter soit du temps, soit de l'argent ; et on ne peut pas vivre entouré d'objets « morts » et inutilisables.

Lorsque je range, lorsque je nettoie, lorsque je répare, ce sont des actions que je ne peux pas faire en faisant autre chose (sauf parler au téléphone, ou écouter un podcast, ou penser à ma vie). Ce sont des actions qui m'absorbent et dont je vois le résultat. Je ne sais pas réparer ma voiture, ni même mon vélo, mais je vois avec grand plaisir ouvrir autour de moi des repair cafés ou des ateliers pour apprendre à réparer son vélo.

Je ne me suis pas mise à la mécanique, mais à réparer mes vêtements et ceux de ma famille. Et à recoller aussi quand je le peux les chaussures et la vaisselle.

Le temps que je passe à recoudre un trou est souvent incomparablement long – et frustrant – mais manuel, alors que je passe une grande partie de mes journées à parler, ou à écrire. Et cela fait du bien de mener à bien un travail manuel. Ce travail a toujours un point de rationalité. Il comporte une recherche d'excellence, ou du moins, de travail propre et bien exécuté, le mieux possible. Cela m'importe que ce soit bien fait. Et enfin, quelle fierté de voir le vêtement réparé passer du tas de vêtements en souffrance, inutilisable, à un vêtement qui pourra de nouveau être porté !

L'acte de réparer transforme mon environnement et me transforme, moi aussi.

Nettoyer pour la netteté

Comment être heureux ? demande le moine Thich Nath Hanh, en se présentant au monde frais comme une fleur, stable comme une montagne, calme comme un lac de montagne, libre comme l'air.

Cet enseignement me fait penser à la politesse, pour le monde, de se présenter avec netteté.

Hou là, là ! Toutes mes chaussures d'hiver attendent au fond du placard. Que je me souvienne d'elles. Que je les dépoussière. Que je les imperméabilise. Que je les cire. Ce sera l'affaire d'une minute. De dix. Que je ne prends pas. Alors, je ne porte pas pour l'instant mes chaussures d'hiver. Et on reste en été.

Mais non, il pleut.

Offrir, s'offrir de la netteté. C'est le cadeau d'un lit bien fait, d'une maison à peu près rangée, d'affaires raccommodées, de chaussures cirées. C'est le cadeau que l'on se fait à soi-même et que l'on fait aux autres. Dans le chaos du monde, de mes relations, de mes pensées et états émotionnels, et face aux vôtres, je me présente à vous avec soin, avec au moins à la surface une composition, une attention, une propreté, une netteté. Personne n'est dupe ; et c'est déjà un premier pas.

Seiketsu : je standardise

Dans la méthode des 5 S, le *seiketsu* vient en quatrième position, alors qu'on a déjà trié, rangé et nettoyé-opéré la maintenance. On pourrait le traduire par « créer un standard ». Le *seiketsu* définit comment on va s'y prendre pour réaliser toutes ces opérations : le qui fait quoi quand, avec quel matériel et selon quel processus.

Ah là là ! Peut-être, cher lecteur, vas-tu te dire : « Nan, mais, c'est le goulag, ton truc, et la spontanéité ? » Alors je te propose de laisser spontané tout ce qui fonctionne bien, et de regarder comment le reste pourrait bénéficier d'un standard. Car l'intérêt du standard, de la règle, c'est qu'on la définit une bonne fois, et ensuite, on la réajuste de temps en temps, quand la situation et les besoins ont évolué.

L'idée, ce n'est pas de rigidifier une situation pour le plaisir, mais plutôt de s'assurer que les conditions sont mises en place pour faciliter le tri, le rangement et la maintenance de notre lieu de vie ou de travail.

Se mettre d'accord sur le qui fait quoi quand

Pourquoi le tableau de services que j'ai mis en place dans ma maison a changé ma vie ? D'abord, il a clarifié la situation : il y a un certain nombre de tâches à accomplir pour qu'une maison tourne ; et ce n'est ni juste ni efficace qu'une seule personne ou deux assument l'intégralité de ces tâches si elles sont quatre à pouvoir les effectuer. Ensuite, le fait de clarifier qui fait quoi et quand évite les débats, les demandes et les supplications sans fin, qui me conduisaient le plus souvent à accomplir la tâche plutôt qu'à la demander à l'une ou l'autre de mes filles. Ce tableau des services, nous l'avons préparé, présenté aux filles, négocié, modifié, et à présent, six ans plus tard, elles le font elles-mêmes en fonction de leurs emplois du temps, et le respectent à peu près, et si l'une ne peut pas promener le chien un jour, elle s'arrange avec sa sœur.

Afin de définir ces standards de tri – rangement – maintenance, nous avons besoin, comme avec la roue du PDCA, de passer un moment à observer la situation, le lieu, et à se demander : de quoi avons-nous (ou la maison a-t-elle) besoin ? À quelle périodicité ? À quel moment ? Qui est le mieux placé pour le faire ? À quoi mesurera-ton que la tâche est bien accomplie ?

Le chien a besoin d'être promené trois fois par jour. Le matin, les filles partent à l'école et j'aime bien les accompagner un bout du chemin. Donc, je peux assurer la promenade du matin (sauf certains matins où je vais travailler à l'extérieur, et dans ce cas, mon mari peut prendre le relais). Le soir, j'aime relire ma journée en marchant avant d'aller me coucher ; et prendre un bol d'air frais. Donc, je peux assurer la balade du soir. Reste la balade du milieu de journée, que les filles vont faire à leur retour de l'école, en alternant. La mesure du chien « bien promené » (sachant que mon chien n'en a jamais assez d'être promené – sauf s'il pleut, auquel cas il refuse de sortir), c'est une balade d'au moins vingt minutes, et un moment où il peut baguenauder en liberté dans la journée (idéalement, deux).

Avoir le matériel pour nettoyer, ranger

Un autre aspect du *seiketsu*, c'est de s'assurer qu'on a tout le matériel pour trier, ranger, et maintenir l'ordre et la propreté. C'est un équilibre délicat à maintenir, entre « avoir tout ce qu'il faut à portée de main » et « ne pas trop stocker à l'avance sinon on risque l'envahissement ». Et le jour où je me décide enfin à cirer mes chaussures, c'est pas mal que j'ai du cirage à la maison. Le jour où je me décide à nettoyer mon bureau, c'est une bonne idée que je puisse trouver mon super vinaigre parfumé aux agrumes.

Seiketsu prend soin de la maintenance du mainteneur !

Comment j'assure la maintenance de ma créativité ?

Il y a une autre maintenance, un autre standard, un autre matériel dont j'ai besoin tous les jours si je veux ajouter un grain de sel, ce quelque chose de nouveau à mon travail et à ma vie. Ma créativité, je m'en sers tous les jours, de ma créativité, et elle s'infiltre et irrigue tous les domaines de ma vie. Or, la créativité, c'est comme tous les frigos ou toutes les rivières : si je l'ai vidée, faut que je la remplisse de nouveau. Je suis responsable de son bon entretien. La maintenance de ma créativité est donc primordiale à mon bon fonctionnement quotidien.

Cette créativité, j'essaie de la maintenir de plusieurs manières. L'une d'entre elle consiste à m'offrir, une fois par semaine une petite aventure seule avec moi-même. Séance de cinéma, balade dans un lieu inhabituel, concert, pièce de théâtre, entrer dans une boutique, visite d'une galerie, aller travailler dans une bibliothèque ou un café inhabituels, essayer une nouvelle activité... Du moment que c'est inédit et solo, et que je sors de chez moi et de mes sentiers battus, l'aventure a lieu. L'idée est de stimuler mon sens du jeu et de l'aventure ; d'étendre mon territoire, géographie et mental ; de me nourrir de nouvelles idées, de nouvelles images ; de remplir le puits dans lequel je me sers tous les jours, pour pouvoir continuer à puiser dedans des idées neuves ; de revenir à ma table de travail, et dans ma vie, ressourcée, renouvelée, pleine d'enthousiasme.

Shitsuke : je suis et contrôle le process

Shitsuke est notre dernier S. Cela signifie que l'on garde le cap, que l'on conserve les bonnes habitudes et que l'on continue à porter un regard neuf sur notre environnement et notre fonctionnement quotidien, pour voir ce qui éventuellement aurait besoin d'être amélioré.

Être vu, être reconnu

Cela peut paraître un acte puéril, de réclamer le collage de la gommette une fois que l'on a accompli une tâche – et en faisant cela, pour moi-même en l'occurrence, je m'envoie le message : « Bravo, Cocotte, c'est ton travail d'écrire ce livre et ce n'est pas si facile de venir chaque jour à la table d'écriture faire avancer ton livre régulièrement et avec consistance, mais tu l'as fait. » Coller la gommette, ça veut dire que je me reconnais, je me vois, dans cet effort, certes modéré, mais réel et continu.

Nous avons tous besoin d'être vus et reconnus dans nos efforts, dans ce que nous accomplissons pour la communauté, pour le bien commun ; dans ce que nous faisons pour arracher à la pesanteur, à la saleté, au désordre, à la négligence.

Alors, oui, appliquer le *shitsuke* chez soi, ça peut être tout simplement et régulièrement remercier, reconnaître soi-même et les autres qui vivent avec nous pour les efforts qu'ils et que nous accomplissons au quotidien.

Car si on a le sentiment de ne pas être vu, et que tout le monde s'en fiche, à quoi bon poursuivre ses efforts ?

Le gemba kaizen adapté dans mon environnement

J'ai effectué, à la fin de mes études, un stage dans une entreprise de fonderie. Le patron était responsable de plusieurs sites. À chaque visite de site, il commençait et terminait chacune de ses journées de travail par un tour du site. Chaque tour pouvait lui prendre une heure, car il s'arrêtait pour saluer chacun, lui demander comment ça allait, écouter les problèmes ou doléances que la personne éventuellement lui remontait, réfléchir avec elle à une solution possible ou lui promettre de revenir vers elle rapidement.

En faisant son tour avec lui, j'ai été surprise du temps que ça lui prenait et à quel point les gens se confiaient à lui, alors que c'était le grand patron et qu'il pouvait être intimidant. « Pourquoi y passez-vous autant de temps ? Et comment vous vous y prenez pour qu'ils vous parlent ? » lui ai-je demandé. Mon patron m'a expliqué que ce qu'il faisait porte un nom, le « gemba kaizen » : il s'agit d'aller voir et se rendre compte par lui-même de tout ce qui se passe dans l'usine et sur les lieux de son travail, le plus souvent possible et au moins tous les jours quand il est présent sur un site. Car rien ne remplace la perception directe, le contact direct, pour se rendre compte de ce qui se passe et si l'entreprise tourne bien.

Marcher sur son lieu de travail, de vie. Dans son jardin. Le faire chaque jour. Regarder ce qui va bien et féliciter ou s'en féliciter ; regarder ce qui « déconne », ce qui menace et s'en occuper dans la foulée. Faire le geste – passer l'éponge, ranger le truc qui traîne, arroser la terre sèche de la plante, couper la feuille abîmée – ou bien passer le coup de fil, prendre rendez-vous, donner l'instruction. Adopter l'attitude *gemba kaizen* dans la maison, regarder chaque jour avec des yeux neufs, des yeux et des jambes et des bras et un cœur qui disent « je suis là pour vous aider à résoudre le problème » – et qui ensuite mettent en œuvre, sans tarder. Observer et traiter les signaux faibles avant que cela ne devienne un problème ; et cela, avoir le courage de le faire tant dans l'espace que pour nos relations importantes…

*

Voilà, cher lecteur, nous en avons fini avec nos 5 S. Dur, dur, d'écrire sur l'ordre et la maintenance et le progrès sans remarquer que cette pile progresse de jour en jour, et dans le sens de la décroissance.

Et toi, que pourrais-tu faire, là tout de suite, pour honorer l'un des 5 S ?

LA SYMBOLIQUE DU 5 AU JAPON

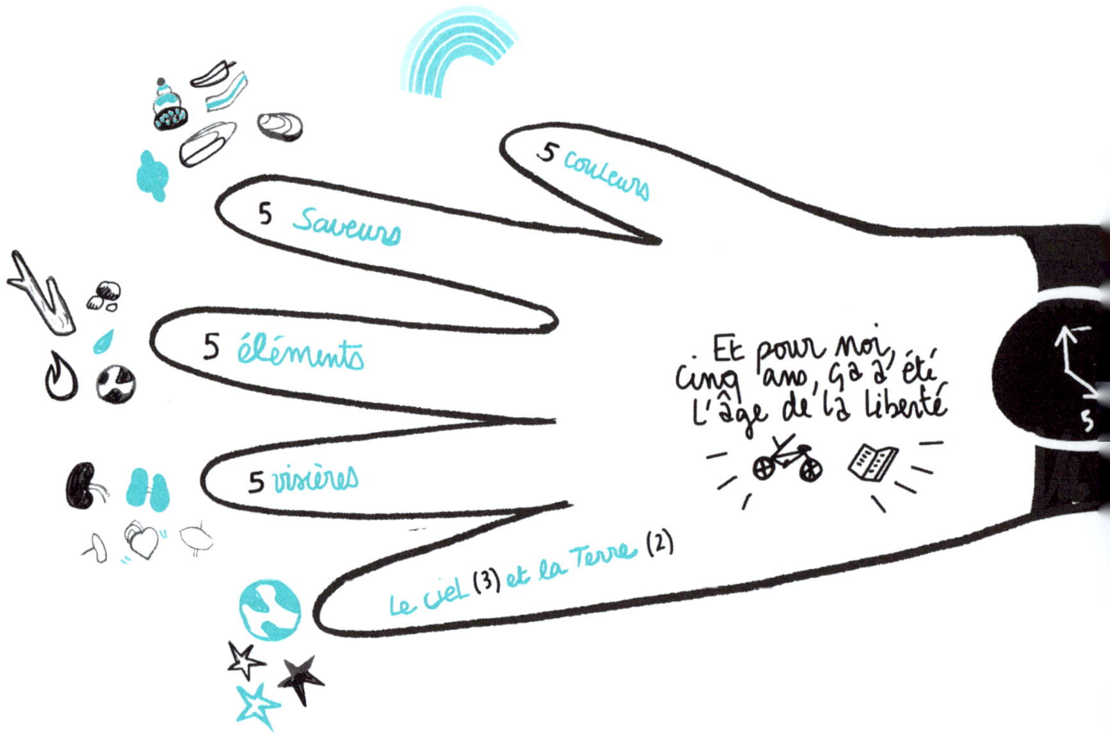

Le juste-à-temps

Cher lecteur, nous arrivons dans la dernière partie de ce livre, la fameuse « dernière ligne droite ». Il me semble que nous avons toi et moi pris place dans un train qui se tortille (un fameux tortillard) ; et le trajet touche à sa fin – on voit déjà se profiler l'océan ! Peut-être que tu commences à trouver le temps long ; peut-être que tu as déjà sauté du train en cours de route ; peut-être que tu n'as pas envie que ça se termine, du tout, cette balade en ma compagnie à travers le changement. Moi, je n'ai pas envie d'arrêter de t'écrire ; la peur du vide, ensuite ; et l'exigence de faire toutes ces choses que je remets à « après l'écriture du livre ». Et à la fois, il faut un jour que ça s'arrête.

J'ai envie de parler avec toi de la méthode du juste-à-temps, parce que je la trouve belle et difficile, et induisant de la conscience dans notre manière de vivre l'espace, le temps et la consommation.

Le juste-à-temps correspond à cinq injonctions, cinq objectifs que se donnent certaines industries japonaises : zéro panne, zéro délai, zéro papier, zéro stock et zéro défaut.

Cette méthode des 5 zéros, avant d'être utilisée de manière très tendue par Toyota pour mettre au point sa production, était employée par les gérants des minuscules échoppes de rue, disons à Tokyo où l'espace est cher car les habitants y sont si nombreux. Comme les échoppes étaient toutes petites, les stocks et le « bazar » devaient être réduits à leur portion congrue. Les marchands, dit la légende, n'avaient la place que pour un seul exemplaire de chaque article. Mais dès que celui-ci était vendu, il fallait pouvoir se réapprovisionner rapidement auprès du fabricant ou du grossiste.

Faire ce qui nous ennuie sans tarder

Le juste-à-temps et ses cinq zéros évoquent la sobriété, l'attention portée aux objets et aux espaces, le fait de régler rapidement ce qui peut l'être et le minimalisme.

Zéro panne

Zéro panne, c'est prendre soin et faire maintenance (tiens, on en revient au troisième S, le *Seiso*) ; c'est aussi une affaire de chance, de tirer, ou pas, le bon modèle, le bon numéro de série. Mais la chance ne dépend pas de nous. Et tous, on sait à quel point une panne peut nous bouffer des journées entières, à aller faire réparer l'appareil, à se déplacer, à attendre, à se faire balader de service en service, à payer parfois plus cher qu'on avait budgété. Je ne sais pas comment ça se passe dans ta maison, mais chez nous, les appareils tombent en rade au moment de payer les impôts, après Noël ou quand nous revenons d'un voyage où nous avons déjà dépensé un peu plus qu'il n'eut été raisonnable. Une piste d'évolution pour nous serait de mettre un peu d'argent de côté, une somme spéciale « pannes ».

Zéro panne, c'est prendre du temps pour ôter le caillou dans le tuyau de l'aspirateur, nettoyer le filtre de la machine à laver la vaisselle, s'assurer que le contrôle technique et la révision de la voiture sont effectués. Bref, des actions qui coûtent un peu de temps, d'énergie, d'argent.

Travailler à prévenir les pannes nous amène à nous poser la question : « De quels objets ai-je vraiment besoin ? Pour quels objets suis-je prêt à investir toute cette attention et cette énergie ? » L'injonction zéro panne est une ode à la qualité des objets que l'on achète, au soin que l'on met pour les entretenir, et au minimalisme – posséder peu, mais bien.

Et pendant que je travaille à économiser en vue de l'achat ou à entretenir les objets dont j'ai décidé qu'ils sont importants pour moi, pour le fonctionnement de mon travail et de ma vie, je peux aussi me poser une question, « juste comme ça ». Comment je ferais pour fonctionner sans tel ou tel outil dans ma vie ?

Zéro papier

Comment j'en suis venue au zéro papier ? Un beau jour, je me suis décidée à traiter la pile des papiers qui s'accumulaient dans un tiroir de mon bureau. J'ai payé pas mal d'indemnités de retard, j'ai pris conscience du poids de la charge mentale et aussi je me suis aperçue que le traitement effectif des papiers était beaucoup moins douloureux que l'anticipation de ce traitement. Donc, je me suis promis à moi-même, dans la mesure du possible, de traiter les papiers dès leur arrivée sur mon bureau ; disons, le jour ou le lendemain.

Et ainsi, je paie moins d'indemnités de retard, j'ai moins de courriers d'excuse à rédiger, et je peux archiver et ranger les papiers : de mon bureau, et de ma tête.

Zéro délai

Ce que je peux faire maintenant, pourquoi ne pas le faire maintenant ?

Laver le bol. Ranger le plan de travail. Payer la contravention. Noter l'idée. Écrire l'email de remerciement. Toutes ces petites choses qui prennent quelques minutes si on les fait maintenant et qui risquent de nous prendre beaucoup plus de temps si on les fait plus tard. Ou de s'enfuir – comme l'idée. Les idées que je ne note pas s'échappent, comme cette idée de billet pour mon blog que je n'ai pas notée, et paf, le chien. Elle était là il y a deux minutes, je me suis levée pour aller chercher le carnet, et le temps que je me rassoie, elle était envolée.

Ne stocker que ce qui est nécessaire

Sais-tu la première chose que je devrais faire pour limiter les stocks à la maison ? Ôter de mon téléphone l'application Vinted (tu sais, le site de vente d'habits de seconde main entre particuliers). Ce site est ma bénédiction et ma fatalité. En regardant mon dressing, je mesure l'ironie que ce soit à moi, la méga-accumuleuse, qu'il incombe d'écrire ce chapitre sur le zéro stock. D'accord : j'aurais pu sauter ce zéro-là après tout, personne ne s'en serait aperçu. Mais j'ai choisi de l'écrire malgré tout car, si c'est un livre sur la transformation... médecin, soigne-toi toi-même !

Meet my grand-mère

Jusqu'à mes 37 ans, année où j'ai perdu ma grand-mère paternelle, elle m'a proposé des objets et des trucs en tout genre. Lorsque je lui disais : « Heu, non merci », elle était estomaquée et choquée « Quoi ? Tu fais ta difficile ! Nous, pendant la guerre... »

Nous sommes les enfants, les petits-enfants, les arrière-petits-enfants de personnes qui ont connu les privations de la guerre et de la reconstruction. Nous avons hérité de la culture et de la peur de manquer.

Quand Tante Annick, la petite sœur de ma grand-mère, est morte en 1998, nous avons jeté des boîtes et des boîtes d'élastiques distendus et de petits bouts de ficelle. À l'époque, ça m'a fait bien rigoler. Et aujourd'hui, je vois très bien dans l'une de mes petites commodes (héritée de l'une ou l'autre des deux sœurs), une boîte dont débordent des ficelles et des rubans. Je peux aussi voir, dans un tiroir de la cuisine, se balader les élastiques que l'on reçoit avec les bottes d'asperges ou de carottes, je les garde tous ! C'est assez terrible, non, de se voir devenir sa grand-mère !

L'épineuse question du stock

À quoi répond le besoin de stocker ? Je peux parler pour moi : il répond à la peur de manquer. Il répond aussi à la paresse de m'occuper de mes affaires suffisamment bien pour les retrouver facilement et en bon état. Je pense, par exemple, aux vêtements que j'accumule, à des livres que je rachète car je ne les retrouve pas.

Le fait de stocker des livres que je ne lirai pas avant des mois, des années, ou jamais, répond au désir d'accumuler des idées, de la science, des histoires, et à la peur de m'ennuyer ou de laisser passer un super livre.

Le besoin de stocker des consommables répond au désir de créer facilement et à la peur de manquer et de me décourager de suivre mon projet si je n'ai pas tous les ingrédients nécessaires.

Quand j'accumule du stock, l'idée de départ est de me faciliter la vie, le fameux « ça peut toujours servir » ; et aussi, cela part de la bonne intention que si j'ai une partie du travail fait, alors je serai moins tentée de me décourager, plus encline à agir.

Les inconvénients du stock sont de plusieurs ordres :

- la place que ça prend, tout ce stock ;
- l'argent que ça « immobilise » ;
- le risque pour la marchandise stockée de s'abîmer, de se périmer ;
- le risque que je l'oublie ou le perde.

Le stock me coûte aussi en termes relationnels : mon mari trouve cela pesant, toutes ces affaires, ces bocaux, ces boîtes qui débordent de partout...

Ce que je pourrais faire pour limiter ma compulsion à stocker

- Un défi « ne pas m'acheter de livres pendant un an, me les faire offrir ». C'est un défi que je me suis fixé cette année ; je l'ai bien tenu de février à août ; et depuis, à la rentrée, c'est parti en fusée. Et je me dis que six mois sans compulsion, c'est déjà pas si mal.
- Un défi « ne pas m'acheter d'habits pendant un an ». Bon, alors ça, j'en suis loin.

- Un défi « Je fais des listes de courses avant d'aller au supermarché, et je m'y tiens ».
- Une petite séance de repassage de mes chemises préférées et de rangement de mes habits d'été, pour y voir un peu plus clair dans ce que j'ai et ce dont je pourrais avoir besoin.

Mise face à l'ampleur du programme, je ne vois rien d'autre qu'adopter une attitude de grande modestie. Faire le travail de tenir mes petites listes de choses que je pourrais faire pour calmer ma fièvre stockeuse. Aussi, demander à d'autres : « Comment vous faites, vous, pour éviter de stocker plus que nécessaire ? »

Zéro défaut, ah bon ?

Autant je peux comprendre l'utilité du zéro défaut dans la vie d'une entreprise industrielle, autant dans la vie de tous les jours, et même dans le travail de tous les jours, il me semble important de s'autoriser une marge d'erreur.

L'ennemi, c'est le perfectionnisme, pas le défaut

Le premier problème du perfectionnisme est que cela nous bloque : nous empêche de faire, nous empêche d'envoyer. Relire, rectifier trente fois au lieu de passer à autre chose. Le deuxième problème du perfectionnisme est que cela nous gâche la vie : un texte, un dessin, un plat, un job parfaitement acceptable… nous paraît nul parce que ce n'est pas aussi bien que ce que nous l'avions imaginé. Or, la perfection n'a pas de limites ! On peut tendre vers elle, mais on la touche rarement. Le troisième problème du perfectionnisme, c'est qu'il nous coupe des autres. Donc, lâcher la pédale douce au perfectionniste en soi. Sauf peut-être si vous êtes chirurgien ou architecte… Il y a peu de métiers finalement où l'imperfection a des conséquences graves.

Le lapin blanc

Lorsque j'étais bébé et toute petite fille, j'ai habité Tokyo avec mes parents. Ils travaillaient tous les deux et me confiaient pendant la journée à une nounou japonaise, Kumuro San. Nous sommes repartis en France avant la naissance de mon petit frère, j'avais deux ans et demi, et Kumuro San a continué à m'envoyer un cadeau pour Noël jusqu'à mes 20 ans. Je me souviens de boîtes en cartonnages adorables et parfaitement réalisées avec leurs papiers fleuris ; de délicates figurines de lapin blanc en papier mâché ; et d'une très moelleuse et douce veste d'intérieur molletonné que j'ai longtemps utilisée comme robe de chambre.

La question du « zéro défaut » est épineuse dans mon système de valeurs. D'un côté, je connais les dangers du perfectionnisme (le temps qu'il demande, la pression qu'il exerce, parfois incapacitante et qui peut nous couper de la joie de créer), de l'autre côté, je me souviens de ma joie en contemplant les objets parfaits que m'envoyait Kumuro. Et la satisfaction profonde que j'éprouve depuis devant l'épuré ou la fantaisie, la belle fabrique de l'artisanat et du design japonais.

Quelle école, quelle posture choisir ? Dans quoi se fixer ?

La grâce de l'incomplétude

Apprendre à connaître mes qualités. À les nourrir et les utiliser autant que possible. Apprendre à me pardonner mes défauts, mes insuffisances : pas de manière complaisante mais avec réalisme. J'ai de plus grandes chances de développer mes quelques talents et qualités, qu'à palier mes nombreux manquements et zones d'incompétence.

Donc, je peux me concentrer sur ce pour quoi je suis bonne, sans chercher à être parfaite et en faisant confiance au fait que si un manque apparaît, quelqu'un le comblera. En faisant confiance aussi au fait qu'une idée est meilleure réalisée de manière imparfaite, que pas réalisée du tout. De plus, l'imperfection donne de la place à l'amélioration soit cette fois-ci, soit une prochaine fois. Seul un travail réalisé peut être amélioré ; un travail non réalisé, rêvé simplement, ne peut être que commencé.

Même les Japonais sont revenus de la perfection

Pour conclure, mon lecteur, j'ai envie de te parler d'un dernier concept, qui est japonais lui aussi : le *wabi-sabi*. Il relie deux principes : le *wabi* (solitude, simplicité, mélancolie, nature, tristesse, dissymétrie…) et le *sabi* (altération par le temps, décrépitude des choses vieillissantes, patine des objets, goût pour les choses vieillies, pour la salissure). Le contraire du zéro défaut, quoi ! Le *wabi* fait référence à la plénitude et la modestie que l'on peut éprouver face aux phénomènes naturels, et le *sabi*, à la sensation face aux choses dans lesquelles on peut déceler la patte du temps ou des hommes.

Et le travail du temps, c'est bien de nous éroder, nous et tout ce qui nous entoure. Quant à la patte des hommes, les Japonais ont un sens du perfectionnisme bien plus élevé que moi ! Et que nombre d'Occidentaux. Regardez la cérémonie du thé, le design… Pourtant, ils sont aussi les champions pour réparer ce qui a été cassé ou usé (par le temps ou les hommes). C'est ainsi qu'ils ont mis à jour une technique de réparation de la poterie cassée en l'embellissant ; c'est le *kintsugui*, qui consiste à recoller la vaisselle cassée avec de la colle dans laquelle des paillettes dorées sont insérées. Ou encore, le *satchiko mending*, qui est une technique de reprisage de tissus indigo, avec des points pas plus gros que la taille d'un grain de riz.

L'objet ainsi porte la marque de sa vie, comme les rides sur notre visage ou la voussure sur notre silhouette. La réparation n'en fait pas un objet moins beau, mais un objet transformé, sur lequel la marque du temps est honorée. L'imperfection est mise en valeur – et certains tissus anciens, réparés bellement à l'aide de points *satchiko* ou de patchs faits avec d'autres tissus anciens, ont une grande valeur et se vendent très cher.

Cher lecteur, lequel de ces 5 S t'appelle et t'attire ? Dans lequel arrives-tu le mieux à entrer ? Là, tout de suite, accomplis une petite action « 5 S ».

Tout est présence...

Cher lecteur ! Nous voici au dernier chapitre, la conclusion supposée nous élancer toi et moi vers un ailleurs plus beau. Je t'écris dans un bar de la rue de la Pépinière, à Paris. Je viens de terminer une journée de formation, deux même. Normalement, je n'écris pas les jours où je forme, c'est l'une des frontières que j'ai tracée entre mes deux boulots ; et les frontières parfois sont faites pour être atomisées. Pourquoi je décide franchir la frontière ce soir ? Parce que j'ai une heure avant de me rendre au dîner où nous sommes invités, parce que ce bar me faisait de l'œil avec sa lumière douce, parce que bizarrement après deux jours de formation, j'ai une bonne énergie, tout à fait celle nécessaire pour écrire.

Les deux journées se sont déroulées dans la joie et le dynamisme. Les trois participants avaient un niveau homogène et envie d'être là. Nous avons fait du bon travail et je crois qu'ils ont progressé. En tout cas, moi, j'ai appris des choses ; j'ai appris que j'étais capable. Pourtant, hier matin, tu m'aurais vu arriver avec mes pieds de plomb ; mes doutes quant à ce que j'étais à même de leur apporter ; ma contrariété de devoir te quitter, si près de la fin, pour aller bosser avec eux... Et je n'avais pas le choix. Je m'étais engagée, et j'ai besoin de gagner ma vie.

Je n'y crois pas et j'y vais quand même

Pourquoi je te raconte tout cela ? Parce que je désirais conclure ce livre en te parlant de présence ; en te parlant de foi ; en te parlant d'agir, en dépit de l'absence de foi ; et tous ces micro-événements des deux derniers jours ne me parlent que de ça.

Je doutais que je puisse apporter quoi que ce soit à ces trois personnes éprises de détails, qui avaient besoin de s'exprimer de manière plus synthétique. Moi-même, tu as vu, dans mon élément naturel, je ne suis pas tellement synthétique ! Et j'y suis allée quand même – bien obligée. J'y suis allée avec d'énormes doutes quant à mes capacités, et avec la promesse faite à je ne sais qui de faire de mon mieux. Je ne sais pas comment cela se produit, mais à chaque formation, ou presque, le miracle a lieu : quand je vois le visage des participants, quand je me trouve en leur présence, quand j'entends leurs intentions et enjeux... tout se met en place. Tout ce que je sais, tout ce que j'ai appris, tout ce que je suis en train d'apprendre, je le leur offre. Et ça marche. Ils sont repartis, je crois nourris rassurés « re-capacités », et avec un mode d'emploi pour poursuivre.

Je te l'ai déjà dit ! Plusieurs fois pendant ce livre ! Il n'est pas nécessaire d'y croire pour réussir. Il est nécessaire, en revanche, de se montrer (en anglais, on dirait « to show up »), de donner sa gomme, pour avoir une chance de réussir. Pour animer cette formation, j'ai tout donné : je n'ai rien retenu de ce que je savais. Ni de ce que je suis. Et j'ai pris soin de moi, de mon énergie, de mon sommeil, de ma joie. Petit à petit, la confiance a grandi, entre les participants et moi, en moi, et en eux au fur et à mesure qu'ils se voyaient comprendre et réussir les exercices proposés.

Il y a des moments où ce n'est pas la foi qui permet l'action ; c'est l'action qui donne confiance.

Plaidoyer pour l'intentionnalité

Au début de chaque formation, je demande aux participants quelle est leur intention pour la ou les journées que nous allons passer ensemble. Cette question de l'intentionnalité affirme que chacun est coresponsable, et même, est le premier responsable de la manière dont il va profiter de la journée. Je peux être mauvaise ou bonne formatrice, compétente ou non dans mon sujet et dans l'art de le partager. Et chaque participant est responsable de son comportement, des questions qu'il pose, de la manière dont il décide de jouer le jeu proposé.

Je ne peux pas être aussi « généreuse » – donc, exposée et vulnérable – lorsque des participants dans la salle regardent par la fenêtre pendant toute la journée, ou font des commentaires railleurs à mon sujet. La présence d'un seul de ces participants réfractaires et qui n'ont aucune intention à part « que le moment se passe », cette présence aspire de l'énergie en aspire non seulement à moi, mais à tout le groupe. Chacun pâtit de ce moindre engagement, de ce désir d'être ailleurs.

Nous sommes responsables de l'énergie que nous mettons dans la pièce.

Je suis responsable de l'énergie que j'apporte

Quel est le lien entre « présence » et « transformation » ?

Ma qualité de présence est l'élément principal sur lequel je peux agir instantanément. Il me suffit de le décider : est-ce que je veux sourire, ou faire la gueule ? Est-ce que je veux participer, ou être en retrait ? Suis-je là pour donner, pour prendre ou pour tenter de contribuer de manière équitable ? Cela me demande d'y penser, d'y faire attention – et parfois de prendre sur moi, de contrer ma pente naturelle qui aurait plutôt envie de rester dans son coin, mais qui comprend qu'à ce moment-là, c'est utile qu'elle sorte de sa tanière et se mouille.

Tout est présence, et il me suffit d'un seul battement de paupières, d'un seul léger sourire de bouddha, d'un seul « merci » à qui que ce soit qui s'est détourné de son chemin pour m'être agréable, et mon état d'esprit peut se transformer. Il passe de contrarié à reconnaissant, de flemmard à engagé.

Cligne des yeux, cher lecteur. Bats des paupières. Ta vie ne s'est pas transformée du tout au tout, mais tu t'aperçois que tu as ce pouvoir-là. D'offrir ton sourire et ta présence. D'offrir tout ce dont tu crois manquer, et dont tu es si riche, finalement.

Bonne suite de voyage. Sois remercié de m'avoir fait progresser par la grâce de l'écriture, ce fil invisible de l'encre entre nous. Toi et moi, nous avons tiré de moi tant de mini-exploits !

Un grand merci à quelques maisons

J'ai écrit ce livre à cheval sur une année, trimballant l'ordinateur, le carnet de notes et le manuscrit partout avec moi au fil de mes pérégrinations. Les maisons qui m'ont accueillie et les personnes qui m'ont entourée, inspirée, stimulée et laissée travailler, ont pris une grande importance et c'est elles que j'aimerais remercier.

Merci à la maison First et à Aline, à Laure, à Marie-Anne, à Marion, pour votre confiance et votre soutien. Une pensée pour Serge, et pour Sophie, qui m'y ont fait entrer une première fois en 2001, puis une deuxième en 2016.

Merci à notre maison de Malakoff et à ce rêve qui se réalise, d'écrire dans mon grenier alors que la vie bat en dessous. Deux petites filles, un être aimé, des animaux, des livres...

Merci à la maison de Keroyan, à Belle-Île-en-Mer, et à la grande chambre où j'ai pu écrire tranquillement, depuis mon lit, depuis la table, tandis que ma mère, mes filles, mes nièces, mes neveux, mon frère, ma belle-sœur, mes oncles et tantes, nos amis, mon chien, tout le village s'animait et vaquait et passait par là. Cette vie tranquille et le désir de la rejoindre et l'énergie de m'en abstraire ont rythmé mon écriture.

Merci à la maison de Sagone, en Corse, et à la jolie chambre blanche d'où j'ai poursuivi mon écriture, dans une maison pleine d'enfants et d'adultes aimés. Là encore, j'ai pu trouver le calme, la concentration, la stimulation au milieu de la vie.

Merci à la maison de Vitry-lès-Cluny, en Bourgogne, dont la grande cuisine et le salon ont accueilli les dernières relectures et les dessins, au milieu des regards et des questions et des suggestions de sept enfants de 3 à 17 ans.

Merci à la bibliothèque de la Maison de la culture du Japon à Paris, à ses murs blancs et vitrés, à ses tables en bois, à son calme studieux et motivant, au milieu de vieux messieurs japonais et d'étudiants de tous âges.

Merci à la maison RATP (le métro ligne 13) et à la Compagnie Océane (la ligne de bateau entre Quiberon et Le Palais), qui ont hébergé et bercé l'écriture de morceaux de chapitres.

Merci à la maison Bible et à la maison Contes de Grimm, si riches et foisonnantes et sources inépuisables d'inspiration et de transformation.

Merci à la maison maviesansmoi.com, le blog que je tiens depuis seize ans, d'être le lieu où je viens m'épancher, raconter, partager, notamment les aventures de l'écriture de ce livre ; et merci à cette maison-là qui accueillera toujours mon écriture lorsque j'aurai rendu ce livre-là !